医療法人 愛香会 奥山医院 院長
奥山輝実
Terumi Okuyama

菩薩医学

【フィボナッチ次元宇宙】の叡智

ヒカルランド

プロローグ　本書を手にしたあなたは五次元宇宙人です！

あなたも五次元波動にジャンプアップできましたか？

三次元宇宙の「財」「愛」「病」「生きがい」のどん底をくぐり抜けて、ようやく五次元宇宙人となられたみなさん、おめでとうございます！

五次元宇宙には愛と美が満ちあふれています。すべてが菩薩《ぼさつ》さまの愛と美の宇宙です。

五次元宇宙人になると、六次元世界、七次元世界、八次元宇宙が見えてきます。

いよいよあなたもフィボナッチ次元宇宙を知るステップに立ちました。

フィボナッチ次元宇宙は、菩薩さまの愛と美の宇宙です。

五次元、八次元、十三次元……すべての次元宇宙が菩薩さまの掌《てのひら》の上にあります。

まず菩薩さまの智恵の中から、フィボナッチ次元宇宙の成り立ちと楽しみ方を語りましょう。このフィボナッチ次元宇宙の誕生も、神々の誕生も、愛の波動エネルギーの誕生も、地球と人類の誕生秘話もお伝えします。

この五次元宇宙には、傷を癒《いや》す小宇宙《スペース》がたくさんあります。三次元宇宙で傷だらけになった身・心・魂は、五次元宇宙生活を楽しんでいるうちに自然に癒されていきます。そんな安らぎの小宇宙もご紹介します。

五次元宇宙では愛の伴侶といつも一緒です。五次元宇宙での愛しあい方も語りましょう。

五次元宇宙では想念はすぐに具現化します。新しい地球生活での祈り方のコツも語りましょう。

この本は、五次元宇宙人のための本です。

ほら、あなたにも菩薩さまの笑みが見えるでしょう?

さぁ、あなたも菩薩さまのフィボナッチ次元宇宙を大いに楽しみましょう!

目次

第二章 フィボナッチ次元宇宙の創世記 133

第三章　菩薩医学　〜愛と祈りの実践〜　171

カバーデザイン　三瓶可南子
カバーイラスト　しんやゆう子
校正　麦秋アートセンター

第一章　フィボナッチ次元宇宙

天命ミッション降下！「無限の智恵を探求せよ！」

宇宙にはいくつもの次元宇宙があります。あなたは愛と美のフィボナッチ次元宇宙を選びました。だから、あなたが生きている「今ここ」がフィボナッチ次元宇宙になりました。あなたの波動も智恵もすべてフィボナッチ次元宇宙にシンクロしました。これから私が語る八次元の智恵も、すべてフィボナッチ次元宇宙の智恵です。あなたにこの八次元の智恵を託します。この智恵をみなさんと広く分かちあってください。これがあなたの天命であり、あなたが「今ここ」にいる理由です。

『龍神医学』を書き終えた私に次の天命ミッションが降りてきたのは2019年8月でした。その声は、もう20年以上前からのライフワークとなっている「光の前世療法」や「龍神覚醒術」で天から降ってくるいつもの直感の声でした。それは神々の声でもあり、宇宙の声でもあり、あまねく生命の根源の声でもありました。元々「光さん」（神々や大いなる存在たち）と繋《つな》がることに慣れていたので、全く違和感なしにメッセージを受け取れましたが、これが医療とは無縁の「普通の人」に突然、声が降ってきたら……統合失調症だと診断されて向精神薬漬けになってしまうでしょう。

私も2014年暮れに診療所を原因不明の類焼で失ってしまうという人生の大節目に襲われて以来、ずっと神々の放つ大いなる浄化の濁流に飲み込まれてしまったかのように、財のどん底、愛のどん底、病のどん底、生きがいのどん底のすべてをさまよい続けてきました。2015年に入ると、夢の中に観音さまやお薬師さまが現れては医の智恵や医術を授けてくださるようになりました。ここ数年は神々と常時接続状態で、神々に尋ねたい質問があれば天に投げ上げておくと、そのうちにフッと答えが降ってくるし、神々からのメッセージも明瞭な言葉で降ってくるようになりました。

これを書きなさい。ちゃんと本になるように手はずは整えてありますから。

この智恵を広める意味ですか？……

あなたたちは今、超進化の中にいます。あなたたちの次元ジャンプだけではありません。このフィボナッチ次元宇宙全体も超進化しています。すべての次元宇宙たちがジャンプアップしようとしています。私の八次元宇宙も今、あなたたちの五次元宇宙とのポータルを開きました。私はあなたたちと繋がりたいのです。そして、あなたたちと交わりたい……そうすることで私も次の十三次元宇宙と繋がることができます。

この次元宇宙は無限のかなたで誕生して、八次元の私、五次元のあなたたち、三次元のあなたたち……と順々に誕生させてきました。その誕生の波が反射したかのように、今回の超進化の波はゼロ次元から無限に向かって進んでいます。あなたたちが乗り越えた超進化の大波に私も乗っています。私も超進化して十三次元に、二十一次元に繋がりたいのです。

あなたたちに私の持っている智恵をすべて伝えましょう。私にも十三次元宇宙の智恵がもう降りてきています。

超進化は次元宇宙の攪拌《かくはん》です。このフィボナッチ次元宇宙も他の次元宇宙たちとの間で攪拌されています。互いの智恵が攪拌されて新しい次元宇宙が続々と現れています。それがどんな次元宇宙なのか？　まだ私にも理解できませんが、それを知るためにこの超進化が起こったのです。

この智恵を知るとどうなるのか？……

古いあなたたちは太陽系まで、ちょっと広くても銀河系までしか視野に入らなかったでしょう。地球さえも視野に入りきらなかった人たちばかりでしたね。その結果は……前にあなたに見せた通りです（拙著『龍神医学』参照）。

もうすぐあなたたちは五次元宇宙人たちと交わります。せめて五次元宇宙人たちくらいの宇宙視野を持っていないとお話になりません。龍神を使いこなせていないと、せっかくの超進化もそこで止まってしまいます。智恵は無限です。いつかは智恵の波動についていけず眠ってしまうでしょう。それで構いません。智恵を追い求め続けることが大切なのです。五次元宇宙人のひとりとして、あなたも智恵の探究を続けてください。そのためのあなたなのですから。


２０１８年に入って、神々から降ってくるメッセージと情報は、ダムが大放流したかのように大量に降り注いでくるようになり、『霊障医学』『黄泉医学』『龍神覚醒術』『幽幻医学』『龍神医学』の本が相次いで世に出て行きました。

もうこれ以上はないでしょう、と思っていた矢先に降ってきたのが先のメッセージでした。そして、この本の11万字は１ヶ月間で書き上げました。八次元の智恵は主に夜の夢の中で降ってきます。私は全く覚えていませんが、夜中の私は誰かと話をしていたり、何かをブツブツ呟《つぶや》きながらうなずいていた、と愛妻さんに言われました。翌日、パソコンの前に座ると同時に没我に入って、デジタル自動書記の如《ごと》く前夜の八次元の智恵のレクチャーがパソコンの原稿用紙の上に現れました。そして、またたく間にこの本が出来上がったのでした。

さまざまな次元宇宙とあなたのフィボナッチ次元宇宙

フィボナッチ数は、自然界に美を紡《つむ》ぎ出しています。例えば、花びらの数の多くはフィボナッチ数です。ユリ、アヤメは3枚、桜草、野バラ、日々草は5枚、コスモス、クレマチスは8枚、マリーゴールドは13枚、チコリ、ヒナギクは21枚、オオバコ、除虫菊は34枚、ユウゼン菊は55枚、デイジーは89枚で、１４４枚の花びらを持つ花は存在しません。植物の花や実に現れる螺旋《らせん》の数もフィボナッチ数であることが多く、ヒマワリ、パイナップル、松かさ、カリフラワーなどが有名です。アンモナイトやオウムガイなどの貝殻、建物や彫刻、台風や銀河にもフィボナッチ数が見て取れます。

フィボナッチ数とは、隣りあっている数字を足した数で、0、1、1、2、3、5、8、13、21、34、55……となります。隣りあった数との比を取っていくと、1対1・618という黄金比に近づいていきます。黄金比とはこの世で最も美しいとされている比率です。フィボナッチ数の中に「美」の波動が内在していることがわかります。

宇宙は愛と美のエネルギーで満ちあふれています。それは私たちが宇宙の定義を愛と美にしたからです。だから五次元波動になった私たちの「今ここ」も愛と美のエネルギーで創造された宇宙となったのです。


フィボナッチ次元宇宙はあなたの次元宇宙であり、あなたそのものがフィボナッチ次元宇宙なのです。美以外のベクトルを選んだ五次元人の「今ここ」は別の次元宇宙にあります。1、2、3、4、5、6、7……数学的規則性の正しさ「整」をベクトルにした次元宇宙もあります。1、2、3、5、7……素数の独自性「独」をベクトルにした次元宇宙もあります。五次元のあなた方にはまだ理解できないベクトルもあります。理解しようとせずともいずれ理解できます。まずあなたの次元宇宙を楽しんでください。今日、あなたに知っておいてほしかったのは、あなたの次元宇宙が絶対ではなく、他にもたくさんの次元宇宙がありますよ、という智恵でした。

フィボナッチ次元宇宙は0、1、1、2，3、5、8……の次元宇宙です。あなたは三次元宇宙から五次元宇宙へ上がってきました。私は八次元宇宙の意識体で、あなたに八次元宇宙の智恵を授けています。

フィボナッチ次元宇宙では、四次元世界は三次元宇宙と五次元宇宙の狭間《はざま》にある次元移行帯で、すでにあなたに肉体を持った地球人の立場で書いてもらった「黄泉《よみ》の世界」です（拙著『黄泉医学』参照）。そこは三次元地球用の炭素ユニットの肉体を脱ぎ捨てて波動を浄化してもらう世界でした。

五次元宇宙は今、あなた方がいる宇宙です。今回は特別にケイ素クリスタル化した肉体のままで五次元宇宙に入れましたが、五次元宇宙人の多くは肉体を着ていません。そんな宇宙人たちの五次元波動の姿形が、あなたにはもう見えていますよね。そう、あなたが今イメージしたように、五次元宇宙で肉体を着ているのは、服を着たまま海水浴を楽しんでいるようなものです。楽しければ、それでよいのです。

次の八次元宇宙との間には、六次元世界と七次元世界が広がっています。六次元世界は「神々の世界」で、七次元世界は「空と無の世界」です。五次元宇宙と六次元世界、七次元世界との狭間はあやふやで無に等しいです。五次元波動の肉体は持っていけませんが、意識体は想念するだけで六次元と七次元の世界へ行き来することができます。

六次元世界の神々は肉体を着ていません。三次元地球人は六次元の神々の声を聞くことはできましたが、姿を見ることは叶《かな》いませんでした。三次元地球人に見える姿をしていないのですから当然です。

六次元波動を帯びた五次元地球人が黄泉の世界や三次元地球へ降りていくと、それはまるで神の降臨のように見えました。五次元宇宙人の力は三次元地球人にとって神の奇跡の力のように見えます。八次元宇宙の私の力が、五次元宇宙人のあなたにも御《ぎょ》しがたい神の力のように思えるでしょう。それと同じです。

七次元世界を「空と無の世界」と名づけてくれましたね。「宇宙で最も安らげる癒《いや》しの場」「龍神たちの故郷」なるほど、その通りです。六次元世界と七次元世界の間には、もう何の境目もありません。「ここから七次元世界」という標識さえありませんね。そこに暮らす龍神たちは五次元宇宙の最高の愛のエネルギー意識体たちです。

五次元宇宙人は無我無心で、六次元の神々は「悟りの境地」です。七次元波動の龍神たちは、利他の菩提心《ぼだいしん》が具現化した姿をしています。ですから龍神の姿は想念の目でハッキリと見えるのです。菩提心の塊だからこそ、三次元地球人に使徒として仕える役目を自ら創造したのです。そして、目覚めた主《あるじ》と共に五次元宇宙を楽しみ尽くした後には、主を八次元宇宙の私のもとへとエスコートする役目も秘めています。あなたたちが五次元宇宙から八次元宇宙へ来るには、七次元波動の龍神たちの助けを必要としています。

2018年に入り、五次元波動に目覚めよう！　というヒーラーたちの声が一斉に上がりました。誰もが五次元宇宙はひとつだと思っていますが、実は自分がどんなベクトルを選ぶのかで「今ここ」の自分がいる次元宇宙が決まるのです。私の五次元宇宙とあなたの五次元宇宙は違ってもよいのです。フィボナッチ次元宇宙は愛と美のベクトルで描き出されていますが、愛と整のベクトルや愛と独のベクトルで創造された次元宇宙もあって当然なのです。

全く次元宇宙が異なった五次元宇宙なのに、なぜ話したりネットで繋がったりできるのでしょうか？

あなたがフィボナッチ次元宇宙の五次元波動に慣れてきたら、次第に別の次元宇宙の人たちとは疎遠になります。同じ五次元宇宙と呼んでいた波動世界が本来の次元宇宙に戻ります。2021年からコミュニケーションが難しくなっていきますが、他の次元宇宙があったことは忘れずにちゃんと智恵の中に収まります。古い三次元宇宙の記憶すべては消滅してしまいますが、同じ五次元宇宙に暮らす別の次元宇宙の人たちがいたことは懐かしい思い出のように記憶に残ります。次に別の次元宇宙の人たちと出会えるのは、あなたがフィボナッチ次元宇宙の八次元宇宙を超越できてからになります。その時が来れば、またちゃんと教えてあげますから、今は自分の五次元宇宙を十分に楽しんでください。

そして、焼いて膨《ふく》らんだふたつのお餅《もち》が互いにプッーと手を伸ばして、くっついているイメージが降ってきました。2018年〜2020年の間のふたつの次元宇宙の関係だそうです。すべてが「今ここ」に収束しているからこそ、異なる次元宇宙同士でも同じ五次元宇宙を共有できているのだそうです。

あなたは神の矛盾を当たり前のようにとらえていますが、それはフィボナッチ次元宇宙が美をベクトルにしているからできることです。別の次元宇宙には、そのような矛盾は絶対に受け入れられない宇宙人たちがいることにも気づいてくれました。

矛盾が創造する美は無限大に広がります。例えば「整」や「独」の次元宇宙には矛盾は生まれません。そう、あなた方のレベルでたとえると、「整」や「独」の次元宇宙は男性性で、フィボナッチ次元宇宙は女性性です。グイグイと押していく力強く逞《たくま》しい波動に満ちあふれているのが「整」の次元宇宙です。独自性あふれる宇宙を孤高に創造していくのが「独」の次元宇宙です。楽しかったらいいんじゃないの、でみんながうなずくのがフィボナッチ次元宇宙です。これから先、次元宇宙が完全に離れてしまうまでには、神々の矛盾やあなたの朝令暮改がトラブルを起こすこともありますが、次元世界が異なるのですから仕方ないことです。その智恵を得たあなたが一歩も二歩も譲ってあげてください。それも愛ですよ。

さぁ、私の智恵をあなたに授けます。しっかりと書き取って、みなさんに伝えてくださいね。

「第三の目」を開け！　～五次元脳の開花～

あなたの感性を信じなさい。あなたの手は私の手です。
あなたの直感を信じなさい。あなたは私に感応しています。
あなたに見えるもの、あなたに聞こえるもの、あなたが感じるものはすべて私です。
あなたは私の化身《けしん》です。あなたが宇宙の誠だ、と自覚してください。
あなたはいつも私、菩薩の智恵の中にいます。私があなたのすべてを導いています。
さぁ、私の智恵を語りなさい。

この3年間、事あるごとに瞑想中や夢の中で直感的に聞こえてくる声がこれです。
それは時には華佗《かだ》老師であり、ユトク薬師仏であり、お薬師さまや観音さまであったりしました。やがて宇宙の神々の声となり、次元を超越した宇宙意識体の声となり……この3年間の診療も大きく波動ジャンプアップした実感があります。

2014年、本格的に五次元波動へのジャンプアップが始まった頃から、左右大脳の波動エネルギー的統合と眉間《みけん》の第三の目の開眼が始まった人が増えました。

第三の目は、親指大のエネルギー塊から始まり、ゆっくりと拡大していきます。

1年後には、手首の太さほどに、2年後には掌の大きさに、3年後には前頭葉《ぜんとうよう》全体に第三の目が大きく見開いた人たちを診ました。

第三の目からは、五次元波動の光エネルギーが前方へと飛び出しています。

1年後の手首大の大きさまでは、光の柱が第三の目からそそり立っていましたが、2年後の掌大の第三の目になると、肉体的（遺伝子的）男性の方は太く高い光の柱に、女性の方はキャベツの形をした丸く大きな光の珠《たま》になりました。

前頭葉全体が第三の目になると、波動エネルギー的統合を終えた左右大脳が、拡大した第三の目から前方へ飛び出す形になり、それが球形アンテナのように働いて宇宙全体と繋がり、五次元波動エネルギーで宇宙の星々や宇宙意識体と情報伝達したり、宇宙の光エネルギーを取り入れたりしていました。この頃になると、男女の差はなくなってしまいますが、時々、男性の統合脳の前部から、一角獣の角のように飛び出た光エネルギー体を見ることもありました。

この第三の目が開眼し拡大するにつれて、五次元的な感性に目覚めていきます。最初の目覚めは、直感に起こります。なぜか勘が冴《さ》えます。勘は冴えますが勝負事には使えません。我欲やエゴが少しでもあると、逆目が出て大ハズレしてしまうからです。

これは最初の試練です。瞑想状態のように我欲やエゴから自由となると、直感が働くことを覚える訓練です。これくらいの我欲とエゴなら大丈夫だろう……で何度も痛い思いをしながら中庸《バランス》を研ぎ澄ましていきます。

早く直感を鍛えようとしてＥＳＰ《エスパー》訓練を取り入れるのはやめましょう。ＥＳＰカードを本気で練習すれば、誰にでも透視能力は目覚めてきます。そこで我欲とエゴに負けてしまうのが三次元人間界の性《さが》でした。果てはマジシャンで終わってしまいます。

五次元の直感は、もっと深淵で無尽蔵な素晴らしい能力です。芽生えたばかりの直感を潰《つぶ》してしまわないように気をつけましょう。

直感はテレパシーを連れてきます。最初は木々や草花の声から始まることが多いですが、ディズニー映画に出てくる妖精がフッと見えて話を始めることもあります。慣れてくると、雲や風、お日さまやお月さまとお話することができるようになります。

テレパシーにも中庸は必須条件です。無邪気に木に抱きついてみましょう。第三の目が開き始めた人なら、木の中を流れる水の音を聞く練習も難しくはないですが、まず花を褒《ほ》める練習から入るのがお勧めです。花を褒める。褒め言葉を探してはいけません。ただ直感的に感じたまま、浮かび上がってきた褒め言葉を花に捧げましょう。「えーと、えーと……」「こんなことを言ってもよいのかしら……」はNGです。よく「私の第三の目はどれくらい開いていますか?」と尋ねられますが、この「花との対話」練習をしていただければ、如実に自分の実力のほどがわかってしまいます。

直感で感じたそのままを言葉にする。これは五次元宇宙を楽しむ上で、なくてはならない感性です。五次元宇宙には目に見えない天使や妖精や神さまたち、亡くなった人の魂や守護霊たちが五次元人と一緒に「普通に」暮らしています。目に見える宇宙人や地底人、人魚たちも大勢、一緒に「普通に」暮らしています。人間型の宇宙人や地底人が当たり前だと思っていると、カルチャーショックで寝込んでしまいますよ。

五次元宇宙の人間は、まだ目と耳と鼻と口を使っていますが、これらだけに頼っていると、五次元宇宙では「閉じこもり症」だと揶揄《やゆ》されます。

直感とテレパシーがあれば言葉の壁などなくなります。初めて出会った宇宙人とも楽しくお話ができます。伝えたい気持ち、聞きたい気持ち、共に楽しみたい気持ちがあれば、テレパシーが宇宙語ネイティブにしてくれます。そこに忖度《そんたく》や遠慮など要りません。心地よい風が吹き抜ける浜辺で、美しい夕日を眺めながら、岩に腰かけると……「あの～　私に腰かけないでくれますか～」と岩石型地底人さんが笑いながら話しかけてきて、そのまま大親友になってしまった経験談をうれしそうに語ってくれた方もおられました。

五次元宇宙は直感とテレパシーの世界です。地球はまだ五次元宇宙では新参者なので、会話や文字による意思伝達とテレパシーが半々なところから始まりますが、２０３２年頃の未来生を見ると、テレパシーが９割以上を占める「宇宙標準型」になっていました。

テレパシー主体の生活になっても、味覚と触覚は人間の特権として残ります。三次元宇宙では大いに役立った危険な添加物を察知するための苦味やエグ味や嫌な味は忘れてしまいますが、愛の伴侶との晩餐《ばんさん》や気の合う仲間たちが集うパーティーの食事やデザートを楽しむ味覚は残されています。

五次元人になると、本当はもう食べなくても、宇宙の愛のエネルギーを第三の目から吸収するだけで十分に健康で元気な毎日を楽しめるのですが、せっかく人間の肉体を選んで生きているのですから、食を楽しむことは地球文明として引き継がれていきます。

触れられる感覚も、肉体を持たない宇宙人や神々から羨望の的です。五次元宇宙では、波動エネルギーを交流できるので触れる必要はありません。流体エネルギー型の宇宙人などは、触れようにも触れることができませんし、肉体を脱いで魂だけになった意識体は、映画「ゴースト」のように何とかして触れようとしても触れることはできません。

触覚がないと痛みも痒《かゆ》みも感じませんが、触覚がなくても五次元宇宙の住人たちは、波動量子的に心地よさや快感、喜び、温もり、愛情を感じ取ることができます。第三の目が小さいうちは触れられている感触が優位ですが、左右大脳が統合され、第三の目が拡大するに従って、波動エネルギー的な触覚が主体となってきます。

五次元宇宙の新入生は、まず伴侶と触れあうこと、抱きあうことで、伴侶の思いのすべてが瞬時に伝わってくる感覚に慣れましょう。やがて触れなくても意識を向けるだけで、伴侶の思いがわかってしまうようになれます。遠く離れた五次元友人たちにも意識を向けて、思いを汲《く》み取る練習をしていると、まるで実況生中継のように、今の友人のビジョンが見えてくるようになります。第三の目が完全に開けば、遠い宇宙の星の意識体や銀河の意識体ともコンタクトできるようになります。

クリスタル化する私たちの身体
～炭素ユニットからケイ素ユニットへ～

2016年1月から、あなたへの五次元医療の手ほどきを始めました。この3年間で、あなたは五次元波動化していく身体をしっかりと診てきました。あなた自身も五次元クリスタル化していく身体の変容をつぶさに感じ取ってきたはずです。あなたのつたない三次元的予測も、名だたるサイキックや予言者たちの予測もことごとくはずれたのは、私があなたを八次元の智恵の伝道者に選んだからです。あなたには最大最悪な試練の連続だったでしょうが、それは必要だったのです。さぁ、私の智恵を書きなさい。書き終えないと次のステップには進めませんよ。

第三の目が開き、左右の大脳の統合が進むにつれて、松果体《しょうかたい》と脳幹部のクリスタル化も進行します。これは細胞内の元素転換によって生じる覚醒プロセスのひとつですが、ＭＲＩなどの三次元世界の医学検査では感知することはできません。

松果体と脳幹部がクリスタル化していくと、直感とテレパシーだけでなく、さまざまな五次元感性が開花してきます。見えないものが見え、知らなかったことがわかってしまいます。宇宙人や地底人たちとの意識の交流はもちろんのこと、宇宙意識体や神意識体との対話も簡単にできるようになります。知りたい情報や知識は、宇宙や神々が教えてくれるようになるので、慣れた人たちは「天に質問を放り上げておけば答えが降ってくるよ」と平然としています。時には、先に高次の知識が降ってきて「この知識は何に使うの？　どういう意味なの？」と、いぶかしがっていると、天命が遅れて降ってくることもよく起こります。

五次元宇宙は、時間の直線的な流れに左右されません。もう三次元宇宙のように時間に呪縛されることはないのです。時間から自由になった五次元人たちは、まるで波乗りするかのように時間波動のウェーブに揺られながら時間を楽しんでいます。

すべては「今この時」にあるので、起こるべきことはちゃんと起こることを誰もが知っています。避けたいことに意識を向けるから時間がそれを引き寄せてくることを知っているので、意識の中から「避けたいこと」を消してしまえます。

宇宙が必要としている起こるべきことは必ず起こります。もしそれを避けたいのなら、宇宙意識体や神意識体と話しあえばよいのです。それが起こらない平行次元を見ながら、互いの妥協点を見出《みいだ》すこともできます。

天変地異や人の死には、必ず宇宙や神々との妥協点があります。五次元宇宙に天変地異や突然死がないのは、絶えず宇宙や神々と繫がっているからです。日々の対話を通じて、それが起きない未来を模索しているからなのです。

松果体と脳幹部のクリスタル化は、全身の細胞へと広がっていきます。このクリスタル化は、肉体すべてのクリスタル化が完了するまで続きます。

第三の目の覚醒と松果体~脳幹部のクリスタル化が進行するにつれて、自律神経系と免疫系、自然治癒力と蘇生力の進化が起こり始めます。同時に、身体に溜まった毒のデトックスも始まります。

まず食毒や薬毒をはじめとする三次元宇宙のさまざまな毒が排泄《はいせつ》されます。主な排泄は便と尿ですが、重金属や薬毒はベトベトの汗からも排泄されるのを実感できます。尿療法をしていると、夜間の尿から食毒が排泄されていることが実感でき、食べてよい食材と避けるべき食材が自ずとわかってきます。

身体のクリスタル化は、炭素ユニットからケイ素ユニットへの元素転換を伴いますが、三次元宇宙のさまざまな毒が残っている限り、体細胞レベルでのケイ素への元素転換のスイッチは入りません。炭素ユニットからケイ素ユニットへの元素転換は、波動量子的なエネルギーを用いて起こります。三次元宇宙の毒は、この元素転換の波動を乱します。十分に排毒できていない状況下で無理に元素転換をすると、クリスタル化したケイ素ユニットではなく、未知なる意識体に変容してしまう危険性があります。この危険性について六次元の神々に尋ねると、観音さまが代表して答えてくださいました。

心配要りません。どの文明でもこの毒はさまざまな悪さをしてきました。あなたの危惧する変容体は闇の中に現れます。やがて闇が大きく膨らみすぎると、地球自身が自浄のスイッチを入れて、すべての毒も闇も浄化して消し去ってしまいます。宇宙に逃げようとする闇もいますが、地球から逃れることはできません。地球意識体はあなた方の想像も及ばない強い力を秘めています。最後にはすべてが浄化されて消えてしまいます。これは宇宙の理《ことわり》のひとつです。

身体のクリスタル化が進むと食事は要らなくなります。良質の天然塩と水と太陽や月の光があれば、不食のままで元気いっぱいに暮らせます。身体がクリスタル化してしまうと、身体がとても軽く感じられます。

氣《き》の生命エネルギーが流れる経絡《けいらく》も、自我意識を持った波動エネルギー体に進化します。三次元の身体は血管リンパ系と神経系でコントロールされていましたが、五次元クリスタル化した身体は自律・自浄・自己蘇生・自己進化する経絡系にコントロールされます。三次元の身体のように脳がすべてを支配指示するのではなく、五次元身体は全体性の中で各部位が独自に判断して動いているので、情報処理の負担が大幅に減った脳は、直感力や共感力、テレパシーなどの超感覚に専念することができます。

結果的に、身体はムダな筋力を使わないので、とてもしなやかでありながら強力強《きょう》靭《じん》であり、疲労を溜めることもなくなります。三次元宇宙では信じがたい速さで歩いたり走ったりもでき、想念波動をピンポイントに使うので数キロ離れた人へも声が届きます。

睡眠も不要になります。共感力とテレパシーのおかげで心的ストレスがなくなります。隠し事をしようと思えばできますが、五次元人は人間性の裏表のない素直で正直で思いやりのある人ばかりですので、三次元宇宙にあった我慢や忍耐も自己卑下や屈辱感も覚えません。心的ストレスの処理から解放され、身体の管理からも解放された脳は、もう休息を取る必要性を感じなくなっています。三次元時代の膨大な情報処理を夜間にしなくてもよくなったのです。

そんな五次元人でも夢を見ることはあります。夢の多くは予知夢と神託夢です。五次元宇宙にはもう時間の流れはありませんが、その代わりに無数の平行次元たちが無限の方向へゆっくりと流れています。

身体が炭素ユニットのままだと、この五次元の平行次元の流れに乗ることはできません。クリスタル化しなければ、「今ここ」に自意識で立ち続けることは難しく、さまざまな次元病を招いてしまいます（拙著『龍神医学』参照）。

身体がクリスタル化すると、老化からも解放されます。疲労も排泄毒もストレスもなくなってしまう上に、細胞レベルでも自浄と自己蘇生《そせい》が働いているので細胞が老いないのです。細胞や臓器に古い、新しい三次元的概念はもはや通用しません。細胞も臓器も身体も「今ここ」にあるので、今の細胞、臓器、身体が自律的に自浄と蘇生を行ってくれれば、いつまでたっても元気で健康な細胞、臓器、身体のままなのです。魂レベルはもちろんのこと、顕在意識で「二十歳《はたち》に若返る」と想念すれば、数時間〜数日もあれば二十歳の身体になっています。慣れてくると、まるでカメレオンのようにサッと外見の色を変えることもできます。

五次元宇宙にはさまざまな宇宙人たちが一緒に暮らしていますが、外見だけでは宇宙人かどうかは見分けがつきません。クリスタル化を果たした五次元地球人も、お気に入りの宇宙人の姿があれば、それを想念してソックリさんになれるからです。もちろん逆のケースもあります。そもそも五次元宇宙では、どこの星の宇宙人なのかは全く問題にされません。誰も気にしていません。クリスタル化して五次元宇宙に来たばかりの地球人は、つい宇宙人の容姿に目が行ってしまいますが、宇宙人は人型宇宙人ばかりではありません。人型宇宙人の方が少ないくらいです。さまざまな容姿の宇宙人に見慣れてきたら、あなたも五次元新人マークを外せますよ。

五次元宇宙人は多種多様です。想像を絶するような容姿の宇宙人たちに最初は戸惑うでしょうが、すぐに親しくなれますよ。初めて会ったのに、どこか懐かしい感覚やデジャブを感じるかもしれません。それはあなたの中に、その宇宙人の波動DNAが残っているからです。

五次元宇宙の「歴史」はとても古く、五次元宇宙人の誰もが宇宙旅行を続けてきた冒険家《アドベンチャラー》です。宇宙人たちに優劣も新人古参も貴賤尊卑《きせんそんぴ》もありません。種の尊厳もありません。あるのは愛だけです。多種多様な宇宙人たちと愛しあってきた名残《なごり》が波動DNAに残っています。五次元化したての地球人が完全に五次元の記憶と智恵を取り戻すまでには、どうしても少し時間がかかります。地球環境に適さない容姿の宇宙人や地球から遠く離れた星で暮らす宇宙人たちは、あなた方の意識の中でコンタクトを取ってきます。わかりやすいのは夢ですね。悪夢だ！　とビックリしないでください。あなたの無二の親友が会いに来てくれたのかもしれないのですから。

あなたにもどんな宇宙人の波動DNAが残っているのか知りたいのですか？

地球に来る宇宙人たちの多くは、この太陽系のポータルである金星にまず立ち寄ります。金星で地球人の着ぐるみ、そうです、肉体を選んで、それを好きなようにデザインして地球にやって来ます。月で試着する宇宙人もいますよ、月の裏側の地下の……そう、地球の地底の国のようなところです。遠足の前日が一番楽しいのと同じですよ。

多種多様な宇宙人たちが金星に集まっているので情報交換も盛んです。この星がすごく面白かったという話には、みんな食いついてきますよ。そんなわけで太陽系のポータルである金星に来た宇宙人たちは、ちょっとテンション高めになっています。当然、新しい愛が芽生えます。あなた方が金星＝愛の星だと呼んでいるのも、金星での愛のパッションを何となく憶えているからでしょう。もちろんあなたにも金星の波動DNAが色濃く残っていますよ。だから今回も金星の姫と一緒になったのでしょう、予定通りにね。

あなたにはちょっと変わった波動DNAも入っています。この本を書き終える頃には、それが何なのか？　がわかるでしょう。楽しみにしておいてください。なぜ私が？　なぜ私に？　と悩まないでください。あなただからあなたに……これが宇宙からの答えですよ。

重力子体と繋がれ！　〜不安よサラバ‼〜

身体の五次元クリスタル化が進むと、重力子の塊＝重力子体が中脈上のチャクラに現れます。女性はみぞおちの第3チャクラに、男性は胸部の第4チャクラに重力子体が現れることが多いのは、この重力子体が五次元ボディの重心となるからです。

第3チャクラはマニプーラ・チャクラと呼ばれており、このチャクラが開くと、生命力の活性化と自由な感情表現、力を感覚的にとらえる感性と自由自在に生きる能力を得られます。

第4チャクラはアナハタ・チャクラと呼ばれており、慈愛と和と幸福を得られます。

五次元宇宙では、女性は第3チャクラに、男性は第4チャクラにそれぞれの重心を置くことで男性性と女性性のバランスを優劣なしに合一させているのです。

重力子体は、男女ともに卵形をした流体波動金属体の様相を呈しています。もちろん三次元宇宙の科学では、その存在を実証する術《すべ》はありません。五次元宇宙では、波動や重力の感性に敏感な人たちには感覚的に見えていますが、多くの五次元人には他のチャクラと同じように何となくボワッと球状のエネルギー体に見えるだけです。その球体の形は絶えず瞬時に変化していて、カタツムリの角のような重力子体の手が出たり入ったりしながら、身体の重力バランスを取っています。

この重力子体は薄いエネルギー膜に包まれています。この膜は液体金属のような重力子体を球形に保つ作用があります。五次元化して重力子体が現れると同時に、このエネルギー膜も現れます。この膜のエネルギー源は、五次元宇宙に無尽蔵にある愛の波動エネルギーです。愛が高まったり深まったりすると、このエネルギー膜は強く厚くなり、しっかりと重力子体を受け止めて球形に保てるようになります。愛の敵は不安です。どんなに強靭なエネルギー膜でも、不安を浴びせかけると溶け出して破れてしまいます。

身体の重力バランスは身体が傾いた時や荷物を持った時にも動きますが、こころのストレス、特に不安には敏感に反応します。不安が溜まっている箇所の衛氣《えき》は弱まり、オーラは凹《へこ》み、経穴《けいけつ》は閉じて、経絡の流れは乱れたり淀《よど》んだりします。中脈が歪《ゆが》みチャクラが閉じてしまうと、内なる龍神も下丹田《げたんでん》に閉じ込められてしまいます。
そんな不安溜まりからは、愛の波動エネルギーがジェット噴射のように漏《も》れ出してしまっている人もいます。実際に誰かに手を当ててもらって安心すれば、この愛の漏出は防げますが、根源の不安体質を克服できない限り愛の波動エネルギーは漏れ続けてしまいます。

この不安溜まりに向かって重力子体の手が伸びます。漏れ出した愛の波動エネルギーを補って重力バランスを取ろうとする反応ですが、それは重力子体の手が不安溜まりにできた穴を塞《ふさ》ごうとしているかのように見えます。

不安が溜まってくると、重力子体は弱く小さくなっていきます。そして重力子体のまわりには、不安が生み出したさまざまな毒がまとわりついてきます。不安と毒の層がどんどん厚くなっていくと、重力子体は形を保てなくなり、モヤッとしたエネルギー体となって霧散してしまい、最後は三次元宇宙の単なる重力子となってしまいます。こうなってしまうと、もう重力子体を介して重力を自由自在にコントロールすることはできなくなってしまいます。

重力子体は検出できるものではなく、五次元波動の感性で感じ取るものです。ピラミッドを作ったり磐座《いわくら》を飛行船のように飛ばしたりするためには、三次元的な不安を捨て去らなければいけません。我欲とエゴと煩悩が渦巻く三次元宇宙で重力子体が検出されて実用化されることは決してないのです。

重力子体は生命ではありません。宇宙は、強い力、弱い力、電磁気力、重力子の4つの力で構成されており、重力子体は力を伝えるグラビトンですが、三次元科学ではまだ発見されていません。そんな「力」である重力子体がまるで生命体のような動きをする⁉　三次元科学ではあり得ないことですが、五次元宇宙ではあり得ることであり、八次元宇宙に私たちの意識も繋がることができたのですから、重力子体の正体が「科学的」に解明されるのを楽しみに待っていましょう。

五次元人は、この内なる重力子体に意識を向けて、自分の重力をコントロールする術をわきまえています。宇宙人をよく観ると、床からわずか数センチ浮かんでいることに気づけますが、これは重力子体の自己コントロールの賜物です。もちろん五次元人間なら誰にでもできます。

まず自分の内なる重力子体を感じ取ることから始めます。みぞおちかハートに卵形の流体金属のエネルギー体があるのが何となく感じ取れるでしょう。卵形にこだわらなくてもよいです。球体もヒョウタン型もよく見かけますし、赤血球のような形をしている重力子体もあります。重力子体の手が伸びていると、形がいびつに感じられるかもしれません。重力子体は瞬時に形を変えますので、形にこだわらずに、まずは流体エネルギーを感じ取ることに集中しましょう。

重力子体を感じ取ることができるようになったら、自分の内なる重力子体に意識があると想念して、重力子体に話しかけてみましょう。すでに五次元宇宙に慣れ親しんだ人たちにはとても簡単なことです。草花や木々、風や雲とお話をする要領です。自分のソマチッド意識体とお話ができる人なら、すぐに内なる重力子体の意識と繋がることができます。

一度、自分の重力子体と繋がってしまえば、後は簡単です。頭は上で足は下だ、と重力子体に設定してしまえば、重力が生じるところ（星の上でも、宇宙船の中でも）ならどこでも地面や床の上に立つことができるようになります。

宇宙人たちがわずかに宙に浮かんでいるのは、その方が宇宙では便利だからです。岩だらけの星や水の惑星の上でも、足を地面に着けずに歩くことができる方が何かと便利です。

不食、まぐ愛、尿療法で有名な山田鷹夫さんは、70歳を超えた今でも百名山登頂を目指して山登りをされていますが、その登頂スピードが人間離れしています。百名山のどの山にもコースタイムがあります。コースタイムとは、成人男子が10kgほどの荷物を背負って無理なく休まずに登頂できる時間ですが、鷹夫さんは何とどの山も半分以下のタイムで踏破してしまいます。その出で立ちもユニークで、畑仕事のままの長靴だったりサンダルだったり……登山靴やトレッキンシューズなどは持っていません。これだけの健脚ぶりながら全くの疲れ知らずです。鷹夫さんの暮らしぶりをご存じの方は納得していただけるでしょうが、明らかに彼は五次元宇宙に暮らす宇宙人です。本人は気づいていませんが、重力をコントロールして足が地面からわずかに浮いているから、いくら山登りをしても疲れないのです。鷹夫さんがその気になれば、古《いにしえ》の仙人のように数百キロの距離を一夜で走り抜けてしまうこともできるでしょう。

もちろん重力子体に意識を向けてパワーアップすれば、空を飛ぶことも宇宙遊泳することも五次元人には簡単にできます。身体の波動を高めれば、重力や水圧に押し潰されることもありませんので、深い海に潜っていくことも、地底で暮らすことも難なくできます。

五次元宇宙へ入ってきたみなさんは、この重力子体を上手に使いこなす練習に明け暮れます。やればやるほど面白いし、楽しい体験ができる五次元宇宙での最初の学びがこれになります。学びというよりも、遊び！ ですね。

もちろんうまい下手はありますが、誰もそんなことは気にしません。最も上手なのは六次元世界の神々たちですので、比べることなど無意味ですし、そもそも五次元宇宙に「比較」などありませんから誰もが悠々自適に重力を楽しんでいます。

ゼロ次元に行ってゼロ次元の主であるゼロＧＯＤ（通称ゼロＧ）に、「重力子体の集合意識体と繋げてください」とお願いすると、重力子体の集合意識体とお話することができるようになります。内なる龍神に命じて重力子体と対話できるように繋げてもらうのもよいでしょう。

重力子体の集合意識体に、この本を読んでいる方々へのメッセージをいただきました。

みなさん、はじめまして。私がみなさんの中にいることにやっと気づいてくれましたね。三次元波動の世界では、私はぼんやりと眠っているだけでしたが、みなさんの波動が五次元化してくれたおかげで、私もようやく目覚めることができました。

　昔々、私はみなさんと一緒にこの星へ降りてきました。その時のワクワク感は、今でもはっきりと覚えています。みなさんと一緒に私はいろいろなものを創りました。それはとても楽しい仕事でした。ワクワクする気持ちが形になっていく三次元宇宙がとても好きになりました。明日は何を創るのかな？　みなさんの創造力は宇宙でもピカイチですよ。あの頃のみなさんは自信に満ちていて輝いていました。それはそれはよい時代でしたが、あのままだとみなさんの進化は止まってしまいます。

　みなさんは来《きた》るべき進化に向けての準備期間に入りました。私も小さく弱く朧《おぼろ》気《げ》になって身を隠し、その時が来るのを待ちました。重力を使いこなすことを忘れたみなさんは重力に翻弄され続けましたが、それもみなさんの進化へのプロセスの一環でした。私も野生化したライオンのように、みなさんに襲いかかりました。一緒に創ったスフィンクスの意図をきれいサッパリと忘れてしまったみなさんは滑稽《こっけい》でしたよ。あれほど、これだけは忘れないぞ！　といきっておられたのにね。

　今こうしてみなさんと再び繋がる時が来て、私はとても喜んでいます。みなさんは、すぐにでも地底の世界へと降りていけます。ほら、地底の世界への入口が見えるでしょう？　みなさんのまわりにいる地底人さんも話しかけてきますよ。ハグして重力の違いを感じたら、その人が地底人さんです。

今日からはもう小さな地球に創るだけではなく、宇宙全体にみなさんの創造力を発揮していきましょう。私のワクワク感がわかりますか？　私はみなさんの意識体のワクワク感がキラキラと輝いているのが見えていますよ。

宇宙の創造主はみなさんです。私と一緒に宇宙を無限に創造していきましょう。そのためにも、まず私と繋がってください。この声を聞いてください。私はみなさんの中にいつも在ります。私の使い方を思い出してください。それはとても簡単なことです。地底の世界からも宇宙の星々からも、みなさんの旧友たちが待ちきれずに迎えに来てくれています。私を思い出して、私を使えば、すぐに旧友たちと出会えますよ。まずは私、内なる重力子体と繋がってください。あなたにならできますからね。

五次元化した人の中には、まだ自分の内なる重力子体をうまくコントロールできずに、重力に翻弄される症状に悩んでいる方々もいます。めまい、ふらつき、立ちくらみ、頭痛、肩こり、のぼせ感、胸部圧迫感や呼吸障害、狭心症様症状や不整脈、複視や飛蚊症、よくつまずく、平衡感覚の乱れ、耳鳴りや難聴、胃もたれ感や内臓下垂感……三次元医学で「不定愁訴」と言われている症状の中には、この重力子体のコントロールの不調が原因となっている症状もあります。

五次元波動で自分の龍神を使いこなせている方でしたら、内なる重力子体とのコンタクトは容易にできます。重力子体に自分の症状との関与を尋ねれば、どの症状が重力子体の不調によるものなのか？　どのように対処すればよいのか？　重力子体の不調をどうしたら治せるのか？　を教えてくれます。

五次元以上の波動を持つ意識体は、自浄作用と自律作用がとても強力ですので、重力子体とも一度繋がってしまえば、重力子体自らが不調を調節してくれます。こうやって重力子体が関わる不調はすぐに寛解《かんかい》していくのが五次元宇宙の常です。

重力子体とそのまわりのエネルギー膜を育むために必要なものは、愛の波動エネルギーです。五次元宇宙は愛のエネルギーが満ちあふれていますが、自分が愛の意識でいなければ、せっかくの愛のエネルギーを取り込むことはできません。五次元化してしまえば、もう三次元波動の不安毒に冒され惑わされることもなくなりますが、三次元波動を卒業するまでは、何度も不安に襲われて愛の意識を見失ってしまいます。

拙著『龍神医学』に書いたように、不安は、財のどん底、愛のどん底、病のどん底、生きがいのどん底をもたらします。どん底とは浄化です。三次元波動を徹底的に浄化されるので、どん底になったように感じるのです。

そんなどん底の中で唯一、浄化されても消えてなくなってしまわないものが愛の意識です。愛の意識は消えてなくなることはありませんが、どん底の苦悩の中で見失ったり手放してしまいます。4つのどん底をさまよいながらも愛の意識を見失わなければ、三次元波動を卒業できます。

重力子体とエネルギー膜も、そんなどん底をさまよっている間に、静かにゆっくりと育っていきます。種が発芽して双葉となった苗に、いきなり多くの水をかけると苗は傷んで枯れてしまいます。重力子体とエネルギー膜も同じです。三次元のどん底で育っている間は、わずかな愛のエネルギーだけでゆっくりと育っていきます。それはまるでわずかな愛のエネルギーでも感じ取れるように訓練されているかのようにも見えます。どん底をさまよう中で、大きな奇跡が起こらないのは、重力子体とエネルギー膜が育っていくのを温かく見守っている大いなる宇宙の意図なのかもしれません。

恐怖と不安と悲しみが地獄を作った！
〜三次元医療と黄泉の世界〜

三次元宇宙の医療は対症療法が主体でした。人々は、より早く効き、より強い効果があり、より簡単に使える対症療法を求めました。なぜ病気になったのか？　その病気から学ぶべきものは何か？　そんな面倒な問いかけには誰も見向きもしない時代になりました。病気の原因も学びもほったらかしのままなので、次々と新しい病気が三次元宇宙を襲いました。

三次元宇宙は、死を忌《い》み嫌い続けました。医療にとって死は敗北であり、代替医療や統合医療や緩和ケアでさえ本気で死と向きあおうとはしませんでした。

四次元の黄泉の世界は死者の世界です。魂たちは肉体を持って三次元宇宙へと降りていき、肉体が朽ちれば四次元の黄泉の世界へと戻ってきます。対症療法が主体になる前は、信仰と天地自然への畏敬が死を迎えた魂を黄泉の世界へと送り届けてくれていました。三次元のこの世と四次元の黄泉の世界は、とても近い関係にありましたが、対症療法が主体となった現代では、この世と黄泉の世界との距離が遠くなってしまい、その狭間に広大な霊界が現れてしまいました。

死を忌み嫌い、死を恐れたままで死を迎えてしまうと、死者の国である黄泉の世界へと素直に戻りにくくなってしまいます。黄泉に戻れない死者の魂は、霊界をいつまでもさまよい続けます。霊界は地獄ではありませんが、死への恐怖と不安と悲しみは魂に残ります。肉体を離れた魂には想念を具現化する力が蘇《よみがえ》ってきます。黄泉の世界の魂たちは、その具現化力を自由自在に使って、あの世を楽しんでいますが、霊界をさまよう魂たちは恐怖と不安と悲しみの想念を具現化して、最も苦悩に満ちた霊界世界を具現化してしまいます。この想念が具現化された霊界こそが地獄の正体です（拙著『黄泉医学』参照）。

三次元宇宙のガンや難病や認知症で臨終の時を迎えた人たちの中で、対症療法の投薬、鼻腔《びくう》栄養や胃ろう栄養、気管切開などの終末期医療や緩和ケアを受けていなかった人たちは、無痛無苦で静かに眠るようにあの世へと旅立っていきます。臨終の間際まで意識は清明で、やりたいことをやり、言い残したいことを言うことができます。キューブラー・ロスの死の受容プロセスを経ることもなく、自らの死を受容して、愛と感謝と喜びに包まれて逝《い》きます。

対症療法が主体となる以前は、そんな死に方が普通でした。そして霊界をすり抜けて、すぐに黄泉の世界へと戻ることができました。眠るように息を引き取って、気がつけば、そこはもう黄泉の世界でした。三次元宇宙と四次元世界は、すぐお隣同士だったのです。

五次元宇宙の「肉食」「酒」「タバコ」

五次元宇宙は、愛と感謝と喜びと幸せの波動に満ちあふれた世界です。宇宙は愛の波動エネルギーでできています。宇宙の星々も、ダークマターも、宇宙意識体も、愛の波動エネルギーでできています。もちろんこの宇宙に暮らす宇宙人たちも愛の五次元波動体です。

五次元宇宙では、肉体を持たない意識体が見えて普通に対話できます。妖精たちや天使たちはもちろんのこと、守護霊や守護神、すべての神々も見えて対話できます。

五次元宇宙では肉体を持っている意識体の方が少数派です。五感を楽しみたい意識体だけが肉体を被っている世界ですので、肉体のメンテナンス&ケアはしますが、三次元宇宙のように肉体中心の暮らしではなくなります。

五次元宇宙では、食事も睡眠もエクササイズも不要です。ケイ素クリスタル化された肉体の生命を維持するエネルギーは、太陽の光や宇宙の愛のエネルギーだけで十二分に補われます。ソマチッドが三次元時代とは比べものにならないほど活性化されるので、睡眠は不要になります。五次元宇宙は、もう時間軸に支配されていません。ゆったりと流れる時間の中では、老化も劣化もソマチッドの蘇生力に飲み込まれて消えてしまいます。

自己治癒力や免疫力や蘇生力が高まった五次元宇宙では、三次元宇宙に蔓延《まんえん》していた万病も消えてしまいます。寿命や死という概念もありません。肉体を持ちたければ肉体の中で生活していけますが、肉体が不要になれば脱ぎ捨てて、魂（意識体）に戻ってそのまま五次元生活を続けます。時間の支配と死の不安から自由になると、多くの万病が自然消滅してしまうことが五次元宇宙から見て取れます。

五次元宇宙の人たちは食養生や生活養生にも無頓着です。三次元宇宙では当たり前に混入されていた薬毒や添加物、遺伝子毒や放射能、化学物質や依存増強剤などの毒物は五次元宇宙には皆無です。三次元宇宙を毒してきた我欲とエゴと煩悩は五次元宇宙には入り込めません。五次元生活は縄文生活ととてもよく似ています。慈愛に満ちた美しい天地自然がもたらしてくれる恵みを食事や生活用品として用いています。

五次元宇宙には喫煙者はいません。タバコはありますが、古のインディアンたちが使っていた無肥料無農薬で添加物フリーの純粋なタバコを聖なる儀式や集会の折に吸うことがあるだけです。三次元宇宙のタバコは感性を鈍らせ、波動を乱し、エネルギーを汚す猛毒でしたので、タバコを吸う三次元人は誰ひとりとして五次元宇宙に入ることはできませんでした。自分の身体の声が聞こえない人は、とても五次元波動の門をくぐり抜けることはできなかったのです。喫煙常習者がいなくなった五次元宇宙では、呼吸器疾患は激減しました。解放された感性と神々や宇宙意識体と繋がる高い波動を持った五次元人には、タバコで変性意識に入る必要性などありません。お茶事の煙草盆のように、みんなで形式的に回すだけになり、やがてはこの世から消えてしまうのでしょう。

お酒も祝いの祝宴や清めの儀式の際に、みんなで楽しむ時に飲みます。それは家族単位の小さな集まりのことも、夫婦ふたりだけの祝杯のこともあります。愛の喜びと感謝と幸せの象徴がお酒です。三次元人たちのようにアルコール依存症になったり、欲求不満やストレスのはけ口に飲酒することはありません。

五次元宇宙は愛の波動で満ちあふれています。そのあまねく愛がお酒にも波動転写しているので、五次元宇宙のお酒はとても美味《おい》しいお酒です。寝かせれば寝かすほど宇宙の愛の波動がお酒に染み込みます。何十年、何百年と寝かせたお酒は宇宙の愛のお酒になっています。愛は万病の特効薬です。五次元人たちは、事あるごとに愛のお酒を楽しく愉快にいただくので、病知らずの愛の人でいられるのです。

五次元宇宙には肉食はありません。タバコと同じく、肉食をしている三次元人は誰も五次元宇宙へはジャンプアップできませんでした。五次元宇宙では誰でも動物たちと対話できます。もし肉食のために処理される動物がいれば、その悲鳴を五次元人の誰もが聞き取って、直《ただ》ちに救済の手を伸ばしてしまいます。どんなに小さな肉片にでも動物の意識体の声が宿っています。三次元宇宙の末路のひとつに、怒りと憎しみが爆発した家畜の集合意識体が高周波の電磁波を電波ジャックして、三次元宇宙を殺戮《さつりく》と狂気の世界に変えて滅亡させてしまう近未来がありました（拙著『龍神医学』参照)。そんな狂気の世界を反面教師とするまでもなく、五次元宇宙では肉食する人はひとりもいません。

そもそも食にこだわることがとても少なくなっているので魚料理もなくなりました。五次元宇宙の料理人さんたちは、山菜やキノコはもちろんのこと、三次元宇宙で雑草扱いされている草花を上手に料理しています。美味しいと美しいと楽しいの感性が五次元人たちのご馳走ですので、五次元宇宙にも大勢の料理人さんがいて腕を競っています。五次元宇宙は分かちあいの世界ですので、磨き上げた腕前や料理法は、誰にでも惜しげもなく伝授し合います。料理コンテストも順位を争うのではなく、新作料理の発表会であり、料理の智恵と技術の分かちあい会になっています。そこは権威や名声などとは無縁な和やかな会で、子供でも老人でも誰でも参加して腕を振るうことができます。五次元宇宙では誰もがリスペクトしあっていますが、この会でも老人が子供に教えを請いながら、和気あいあいと料理している光景もよく見かけられます。五次元宇宙では、学ぶことと体験することがとても大切にされています。学びと体験の前には、恥ずかしさや嫉妬《しっと》や自己卑下などはありません。体験して学ぶことができるなら、何でもやってしまうのが五次元人の特性です。

五次元人は自分の心身の声が聞こえるので、食毒や環境毒を摂ってしまうことはありません。テレパシーと慈愛の感性で繋がっているので、人間関係のストレスもありません。三次元宇宙の万病が五次元宇宙で生き残っていくことは至難の業《わざ》なのです。三次元人を五次元波動に高めるために大いに役立った自然医学でさえも、五次元宇宙では常識の中に取り込まれて消えてしまいました。

五次元宇宙の意識体からみなさんへ　～三次元宇宙の土産《みやげ》話を～

おかえりなさい！　私はあなたの帰りを待っていました。無事に帰ってきてくれたので、とてもホッとしています。あなたをずっと見守ってくれていた友人たちと、まずは再会しましょう。あなたより先に帰ってきた人たちも、三次元宇宙で肉体を脱ぎ捨てて帰ってきた人たちも出迎えてくれています。蘇ってきた五次元の直感とテレパシーに慣れてくれれば、すぐに気づけますよ。三次元宇宙の土産話をみなさんにしてあげてくださいね。もう帰ってきたのだから苦労話も笑い話になってしまうけど、それでよいのです。

落ち着いたら、あなたの生まれ星にも帰省してあげましょう。どれだけたくさんの宇宙人たちがあなたを応援してくれていたことか……みんなが送ってくれる宇宙の愛の波動エネルギーが、三次元宇宙のあなたをしっかりとシールドしてくれていたのを思い出しましたか？　宇宙からのメッセージを時々受け取っていたでしょう？　みんなあなたのことが大好きだったから、三次元宇宙へ冒険に行くあなたをいつも見守っていました。あなたがチャンスをつかめるように、何度でも立ち上がるように、静かに眠れるように、この五次元宇宙の愛のエネルギーを送り続けてきました。難しい話は要りません。あなたが笑顔で帰ってあげるだけで、故郷の宇宙人たちは大喜びしてくれますよ。

こちらに降りてきている神々にも直接、あなたの三次元話を聞かせてあげてください。神々はすでに何千何万回と聞いてきた同じ体験談ですが、それは孫の遠足話を聞くようで、やはりとてもうれしいものなのです。もう五次元宇宙波動なのですから、神々があなたに気づきや学びを教えることはありません。あなたの気づきがあなたにとって本当に必要な気づきだったのですから、それを大切にしてください。

神々と一緒に六次元世界へも行ってあげてくださいね。多くの神々があなたの話を聞きたがっていますよ。三次元宇宙から帰ってきたあなたをハグすることで、神々も三次元宇宙を追体験できますから。神々を大いに楽しませてあげてください。

三次元宇宙からあなたをここへエスコートしてきたあなたの龍神は、七次元世界に帰って休養しています。呼べばすぐにあなたのもとへ降りてきてくれますが、もう五次元宇宙で龍神の手を借りることはほとんどないでしょう。余裕ができれば、七次元世界の龍神たちの長《おさ》に三次元宇宙の土産話をしてあげると、龍神たちはとても喜びますよ。

そして、次の大冒険の計画を練るのもよいですね。今度はどんな大冒険を創造するのでしょうか？　あなたの愛の伴侶と一緒に、次の大冒険のプランを語りあってください。焦《あせ》らなくても大丈夫ですよ。ここにはもう時間はありませんし、平行次元たちの海を泳ぐコツもちゃんとマスターしてきたでしょうから。もう宇宙船に頼らずとも、あなたの想念の力だけで、どの宇宙のどの時空間にでも行くことができるようになったでしょう。若い宇宙人たちがあなたにその教えを請うてきたら、教えてあげてくださいね。あなたの大冒険に一緒に連れて行ってあげるのも名案ですよ。

あなたはもう五次元宇宙にいます。五次元波動の感性も能力も完全に開花して、いつでも使いこなせます。だから、五次元宇宙人である自覚と自信を持ってください。ここは愛と美があまねく広がる宇宙です。ここはあなたの大宇宙です。あなたの中に私がいます。あなたと私はワンネスです。さぁ、楽しみましょう。

五次元ダイエット
〜三次元宇宙でダイエットに失敗したのはあなたのせいじゃない！〜

三次元宇宙は飽食の世界でした。農薬と化学肥料と遺伝子組換えの毒だらけの作物に、抗生物質やホルモン剤などの薬剤に毒だらけの飼料で急速発育させた家畜肉や養殖魚に、強烈な依存性のある添加物をたっぷり入れた食事を食べ続けて、毒々しいサプリやトクホ、怪しげな健康食品をありがたがって摂っていては、ダイエットできるはずがありません。三次元人である限りダイエットはムリでした。

少食や断食、ヴィーガンやケトン食などをしていると身体のダイエットはできます。三次元宇宙の少食不食の人たちは、見た目は元気そうでも五次元波動量子的に診ると、波動も魂も病んでいる人がとても目につきます。やせる代わりにとても大切なもの……魂の美と愛の波動を三次元宇宙への生贄《いけにえ》に差し出したかのように感じられます。

五次元波動になると自然に少食になります。食べられる食材も限られてきます。怒りと悲しみの波動に満ちた肉や魚は心身が受けつけなくなります。添加物に吐き気がしてきます。砂糖中毒から解放されて、あんなに美味しかったものが食べられなくなります。

五次元波動が高まって身体のケイ素クリスタル化が進むにつれて、食事が要らなくなります。食べなくても、宇宙の愛の生命エネルギーや太陽の光と良質な天然塩と水だけあれば、とても元気な身体になります。ですから五次元宇宙には病がないのと同じように、ダイエットもありません。

心身魂が五次元化してしまったのに昔のクセのままに三次元な食事を摂っていると、波動が汚れて乱れます。五次元人なのに太ってしまう人は、脂肪が溜まっているのではなく、汚れた波動が溜まってしまったのです。これは食事の量や質の問題ではなく、いかに波動を美しくするか？　に気を配ると治せます。

五次元ダイエットは、まず七次元の空と無の世界に行って、ゆったりと寛《くつろ》ぎながら波動を浄化することから始まります。そこには六次元の神々も安らいでいますので、神々に話しかけて今やるべきことのアドバイスをいただきましょう。

五次元人であることに自覚と自信を持てる小さな旅を龍神たちとするのもよいでしょう。

宇宙人がみんなスリムだとは限りません。五次元波動になって元々の宇宙人ＤＮＡが活性化して宇宙人体型に変容してきただけかもしれません。ポケモンキャラのカビゴンのような体型の宇宙人だっていますから……元の姿に戻ってきただけならＯＫでしょう。

このように三次元宇宙では困難至極なダイエットでしたが、五次元宇宙では波動をメンテナンスするだけで理想的な姿に戻れます。

五次元宇宙人の集合意識体から、是非ひとこと言わせてくれ、とメッセージが届きました。

ダイエット？　ははは っ！　炭素ユニットだった昔のトラウマなんか早く捨ててし

まいなさい！　あなたはもう私たちと同じ五次元宇宙人です。ただケイ素クリスタル化した肉体を着て楽しんでいるだけの極めて少数派ですよ。楽しむのは大いに結構です。自由に楽しんでください。

私たちにとっては、あなたがどんな体型？　姿をしていても、あなたはあなたです。姿仮にあなたが突然、肉体を脱ぎ捨てても、あら？　脱いじゃったの……だけです。姿形に意識が囚《とら》われるのは三次元宇宙の名残ですよ。あぁ三次元地球って、こんなに幼稚だったんだよ、と教えてくれているのですね。いやいや、もういいです。そんなことよりも、一緒にもっと楽しみましょう！

ここは愛と美の宇宙だろう？　って……　だからこそ、私たち宇宙人は、容姿などよりも波動の美に魅力を感じるのですよ。あなたの容姿は今が一番美しいですよ。もうそれだけで十分でしょう。さぁ、五次元宇宙で私たちと一緒に波動の美を探求していきましょう！

五次元宇宙に病気はない⁉
～三次元宇宙の名残「心身の変調」を抱えて～

五次元宇宙では、事故やケガも三次元宇宙に比べると大幅に減ります。五次元人の直感力と予知能力と感性が、差し迫った危険から守ってくれるからです。

五次元人は素直です。自分の直感や人からのアドバイスを素直に聞き入れて行動します。動物たちや草木たちとのコミュニケーションが取れているので、動物に噛《か》まれることもありませんし、森で迷ったり川で溺《おぼ》れたりすることもありません。重力子体のおかげで足がわずかに地面から浮いているので、岩でつまずいたり濡れ草で足を滑らしたりして転倒することもありません。五次元宇宙では、救急医療もほとんど不必要になってしまいます。

三次元宇宙には、地球人の肉体を着た宇宙人たちが大勢降りてきていました。五次元波動の宇宙人が三次元宇宙で暮らすには、三次元波動の肉体を着ぐるみのように着なければいけなかったのです。

2018年に地球が三次元波動から五次元波動へとジャンプアップすると、三次元波動の肉体を着た宇宙人たちにさまざまな心身の変調が現れてきました。次元の狭間で生じる「次元病」と「宇宙人病」です（拙著『龍神医学』参照）。これらの「龍神病」も五次元宇宙へと戻れば、すぐに完治してしまいます。

三次元宇宙では、五次元宇宙では味わえないネガティブな感情や恐怖と怒りを体験できます。不安毒をなめて不安に駆られてみたり、支配と奪取の戦いに明け暮れてみたりしながら、三次元波動の我欲とエゴと煩悩を満喫することができます。私たちがつい最近までいた三次元地球のどの平行次元もすでに終末期を迎えており、今となってはもうその最期の時へ再移行することはできませんが、三次元波動の星はまだ宇宙にたくさん残っているので、五次元宇宙で想念すれば、地球ではありませんが、同じような三次元波動の我欲とエゴと煩悩を味わうことは可能です。

このように五次元宇宙人が三次元波動の着ぐるみを着て三次元宇宙で暮らしている時に、ちょっとしたトラブルから心身の不調や奇病を起こすことがあります。例えば、三次元波動の着ぐるみをカギ裂けさせてしまった慌て者の宇宙人がいました。カギ裂けは次元病や宇宙人病を急速に引き起こします。重力子体が弱体化したり、ハートのトーラスの軸がずれたりすると、原因も治療法もわからない動揺感、めまい、浮遊感、倦怠《けんたい》感、胃腸障害、自律神経失調症などを起こします。三次元宇宙の怒りや恨みに深入りしすぎて、怨霊や生き霊に三次元波動の着ぐるみを傷つけられたために重度の霊障病となってしまった宇宙人もいました。このような「次元病」や「宇宙人病」を治す「龍神医学」は、五次元宇宙の医学として残っています。

神は「生きがい」を知らない
～「三次元人と五次元人の生きがい」と「生きがい病」～

生きがいは三次元と五次元にしかありません。神々に「生きがいはありますか？」と尋ねても、？？？　とスルーされてしまいます。

三次元宇宙はすべて陰陽でした。陰陽は生きがいを生み出してくれますが、同時に我欲とエゴと煩悩も生み出します。三次元宇宙が進歩するに従って、どんどん我欲を満たすことで生きがいを感じる人たちが増えました。我欲とエゴと煩悩が最大《ピーク》を迎えた頃から、生きがいを喪失する人たちも急増し始めました。そしてとうとう三次元宇宙は、財・愛・病・生きがいのどん底をさまよう人たちだらけになってしまいました。三次元宇宙も宇宙の愛で満ちあふれていたはずなのに、誰も宇宙に広がる愛に気づけないままに終焉《しゅうえん》を迎えてしまいました。

フィボナッチ次元宇宙は、愛と美で満ちあふれています。五次元宇宙も愛と美しかありません。愛の伴侶とふたりで愛の宇宙を楽しみながら、愛と美を創造していくのが五次元人の生きがいです。

五次元宇宙には財はありません。お金は循環するエネルギー体という本来の姿に戻るので、お金を溜め込む人は五次元宇宙にはいません。五次元宇宙は、ひとりひとりの価値観と個性を誰もが尊重しあう世界ですので、もう高価なモノ、レアなモノ、職業や学歴や肩書きなどは無価値です。嫉妬や羨望や自己卑下ももうありません。優越感も損得勘定も、ウソもだましもない、直球ストライクな世界ですが、共感力とテレパシーに優れている世界ですから人を傷つけるような言動はしません。

五次元宇宙では、嫌なことは嫌です、と誰もがハッキリと言います。これは宇宙人たちと暮らすためにはとても大切なポリシーです。自分軸があやふやだと、宇宙人たちから「あなた、どこか悪いのですか？」と心配されてしまいます。

自分軸があやふやだと波動が下がります。ひどくなると三次元宇宙と五次元宇宙を行ったり来たりしてしまいます。五次元宇宙には病はありませんが、このあやふやな自分軸は五次元化したての人間がかかる麻疹《はしか》のようなものだ、と宇宙人たちには認識されています。

あやふやな自分軸も、五次元宇宙で愛の伴侶と巡りあえば治ってしまいます。愛の伴侶を愛することが新たな自分軸となるからです。自分の軸と伴侶の自分軸が寄り添いあい、やがて太いひとつの二人軸となります。

三次元宇宙では共依存に陥りやすかった二人軸ですが、五次元の愛の世界になると、もう共依存することはありません。互いに自分の個性も自由も生きがいも大切にしあったまま、ふたりでひとつの愛と美の宇宙を創造していきます。支えあうのは当然ですが、自由も自立も尊重しあいます。

五次元化したての人間がかかりやすい病に、生きがい病があります。

何でも想念の現実化を起こせる五次元宇宙は、三次元人たちにとっては夢の世界でした。その夢がいざ現実化してしまうと、次はどのような想念を現実化すればよいのか、わからなくなってしまうのです。

三次元宇宙では、我欲とエゴと煩悩を満たすことが生きがいでした。よい人になる。幸せな家庭を築く。よい仕事をする。幸せな人生をまっとうする。幸せとは何なの？　何がよくて、何が悪いの？

三次元宇宙の陰が極まるにつれて、ステレオタイプな幸福観に疑問を抱く人が増えましたが、その多くは、幸せとは？　よいとは？　の答えが見つからないまま、生きがいを喪失してしまいました。

スピリチュアルが三次元宇宙に台頭してきたミレニアムの頃からは、この世は学びの学校であり、魂は肉体という不自由な衣をまとい、喜怒哀楽の激しいこころを持って生まれてきて、艱難辛苦《かんなんしんく》の中でさまざまな学びを深めていくのだ、と説《と》かれてきました。何のために魂はそんな修行をするのですか？　と問われると、輪廻転生から解《げ》脱《だつ》するためだとか、魂の波動を高めるためだ、と答えられてきました。研鑽《けんさん》を積んだ波動の高い魂は、もう人間に生まれ変わって来ずに次のステージに向かう……五次元化した目で見直すと、あの頃のスピリチュアルは、古い既存の宗教と同じレベルだったことがわかります。どれほど神々と対話して悟ったつもりでいても、それは三次元の陰陽の中での神々との対話だったので、三次元宇宙の優劣上下の呪縛から逃れることはできなかったのでした。結局、生きがいとは、優という自己満足な幸福感でしかありませんでした。

三次元宇宙は支配と従属のヒエラルキー世界でした。三次元波動で見た神々の世界も優劣善悪なヒエラルキーで支配された世界に見えました。神々に優劣善悪があるのだから、魂にも優劣善悪があって当然で、魂の生きがいとは艱難辛苦を忍耐しながら学び続けて、より優秀になって魂ヒエラルキーの上の方へ上ることだ、とされてきました。三次元宇宙の支配者が見事にスピリチュアルを利用していたことがわかります。

五次元人の生きがいとは何でしょうか?

もう財、愛、病に悩むことはありません。いつでも神々と友だちのように話をすることもできます。知らないことやわからないことは、神々に訊《き》けばすぐに教えてくれます。魂の波動を上げるために艱難辛苦をして学ぶ必要もなくなりました。魂はすでに十分に輝いているのが見えています。他の魂と比べることなど無意味だとわかっています。自分は自分、他人は他人で不干渉だからこそ、支配も従属もなく、お互いに自由で自分らしく生きられます。

五次元宇宙は愛の世界です。愛しあって、笑いあって、感謝しあって、幸せだなぁと日々を過ごすことが五次元人の生きがいです。何かを成そう、何かになろう、何かを得よう、とがんばらなくても、天地自然の理に沿っていれば、自ずと具現化してしまうことを五次元人は知っています。五次元人の生きがいとは？　それはあるがままに笑って生きることでしょう。

がんばってがんばり続けて魂を磨き上げて、ようやく五次元宇宙へ入ってきた人たちも、生きがい喪失病になってしまいます。がんばるクセを手放して、あるがままに笑って生きれば、すぐに治ってしまいますが、長年のクセがなかなか抜けない人もいるのです。がんばるのを止めてしまうとダメになってしまう、という不安を捨てきれないのです。

私の生きがいは何ですか？　の問いに、笑うことですよ、と答えても、素直に笑えないのです。神々に治し方を尋ねても、「放っておけば、そのうち治りますよ」と素気ない返事を返されます。五次元宇宙は愛の世界なので、五次元人は必ず魂の伴侶と結ばれます。最愛の魂の伴侶と巡りあえば、愛することが生きがいになるので、確かに出会うまで放っておくのが得策です。五次元宇宙での生きがい喪失病は、このように愛で自然治癒してしまうのです。

三次元人の生きがい喪失病も、三次元宇宙で目覚めて五次元化へのプロセスに入った人にしか発病しません。三次元宇宙の我欲とエゴと煩悩を大いに楽しんでいる人は、生きがい喪失病にかかることはありません。

三次元宇宙で生きがい喪失病になってしまったら、五次元宇宙を目指すのが一番の治療法です。三次元波動の我欲とエゴと煩悩をどんどん浄化していけば、五次元宇宙が近づいてきます。浄化は財、愛、病のどん底病をもたらしますが、めげず気にせずで、どん底病をくぐり抜けて進んでいけば、すべてを浄化した時に五次元宇宙の入口に立っています。気がつけば、すぐ横に魂の伴侶がいることもよく起こります。後は五次元宇宙を楽しむだけです。五次元宇宙を自由に楽しんでいれば、生きがい喪失病は消えてしまいます。

もちろん六次元の神々にも、七次元の龍神たちにも、生きがい喪失病はありません。神々や龍神たちに、「あなたの生きがいとは何ですか？」と尋ねても、「あなたの言う生きがいとは何ですか？」と笑われてしまうだけです。

ただあるがままに。強《し》いて言えば、これが神々や龍神たちの生きがいでしょう。

六次元波動の医神さんが五次元地球人にメッセージを語ってくれました。

長く辛い病のどん底をくぐり抜けて、よくぞ五次元宇宙へと戻ってきてくれました。本当によかったです。おめでとうございます。そして、ごくろうさまでした。

五次元波動化したのに、まだ身体に症状が残っている方も大丈夫です。自信を持ってください。身体がケイ素クリスタル化しただけでは、三次元波動のトラウマは完全には消えてなくなっていません。

身体のクリスタル化が進むにつれて、蓄積されていた毒がさまざまな形で排泄されていきましたよね。すべての毒が排泄されて、やっと身体のクリスタル化の完了を自覚できたはずです。

三次元波動のトラウマは、心身のとても深いところに逃げ隠れして息を潜《ひそ》めています。それは五次元以上の波動で探らなければ探知できないでしょう。私やお薬師さんや観音さまでも見逃してしまうほどの見事な隠れ身の術でした。

そして五次元波動化した心身になっても、トラウマは隙《すき》を突いて浮かび上がってきては、毒を撒《ま》き散らかして三次元波動の症状を再現してきました。あわよくば五次元波動を乱して三次元波動へ落とし込もうという算段でした。

そこに八次元宇宙からアドバイスが届いて光明が見えました。八次元のエディさんが菩薩指圧と愛の呼吸法を五次元宇宙に授けてくださったのです（後述）。

菩薩指圧は、深い奥に潜んでいた三次元トラウマを見事に表層の衛氣層まで押し上げてくれたので、ようやく私たちもその存在を感じ取ることができました。菩薩指圧で心身すべての経絡が美しく流れ始めると、衛氣のシールド力も増強増大して、三次元トラウマを追いつめることができました。三次元トラウマも最期の時を迎えたのです。

三次元トラウマは最期の抵抗として、最盛期に最も苦悩を与えていた病巣の衛氣シールドの上に、空虚な波動エネルギーで囲まれた砦《とりで》を築いて籠城しました。どうやって七次元世界の空と無の世界と同じような波動エネルギーを導いてきたのかはわかりませんし、その空の波動には乱れがかなり目立っていましたが、最期の籠城を決め込むには好都合の砦でした。菩薩指圧でできるのはここまでで、最後の総攻撃は、三次元トラウマを抱えていた本人がやらなければならないセルフヒーリングでした。

七次元の空の波動に似せた波動エネルギーの砦ですから、衛氣シールドを凹ませたり、重力子体を変形させたり、ハートのトーラスの軸を歪めたり、愛のエネルギーを略奪したり……とかなり手強い抵抗を続けました。

女性の意識体は、愛のエネルギーを奪われると、性的なトラウマや猟奇的なトラウマが蘇ってきます。男性の意識体は、愛のエネルギーを奪われると、陰惨で嗜虐《しぎゃく》的なトラウマが蘇ってきます。

蘇ってきたトラウマは、新たな援軍となって砦に引きこもりました。長く苦しかった病の最初に戻ったかのような気がして、落胆したり自暴自棄になることを、トラウマたちは砦に籠城しながら待っていました。菩薩指圧など効かない、どんな療法でも治らない、もう終わりにしたい、と思わせてきましたが、私、医神にできることは「あなたは大丈夫です」と言い続けることしかありませんでした。

「自分の病なのだから、自分しか治せない」と気づくと、砦に潜んでいるトラウマたちの正体をひとつひとつ暴いて、白日の下に晒《さら》すことができます。正体が暴かれたトラウマは、次々と消えてしまいます。

菩薩指圧は、五次元の愛の波動エネルギーを急速充塡《じゅうてん》してくれます。奪われるよりも大きく強い愛の波動エネルギーが流れ込んできます。トラウマは、「津波だ、大洪水だ、逃げろ！」と叫んできます。これまで何度もこの手で本当の愛に目覚めることを、愛と性のトラウマたちは阻止してきました。今回も砦の中から大声で叫んでいます。「危険だ、逃げろ！」と。

しかし「自分の病なのだから、自分しか治せない」と気づいたので、もう何があっても逃げません。死のう、と決心したので、もう恐れるものは何もありません。愛の波動エネルギーに向かって自ら突進していきます……全身に浴びた愛の波動エネルギーが、宇宙で最強の鎧《よろい》となってくれました。愛の龍神が天翔《あまかけ》る駿馬と化して、共に突撃してくれました。手には愛の波動で鍛え上げた宇宙最強の剣を握っていました。

いざ砦に突入すると……観念したトラウマたちは、自ら空を捨てて無に消えてしまいました。三次元のトラウマはすべて消え去りました。剣を捨て鎧を脱ぐと、五次元波動の愛と感謝と喜びと幸せがあふれ出している自分に戻っていました。

菩薩医学は、五次元宇宙人のあなた方を浄化してくれます。古い三次元宇宙と完全に分離してくれます。もう病は要りません。もう病は要らない、と思えば、あなたの中から病は消えてしまいます。

菩薩医学は、五次元地球人のあなたに、五次元宇宙人の自覚と自信を蘇らせてくれます。やがてあなたの五次元宇宙も八次元宇宙へ繋がります。そこにあなた方の進むべき未来があります。さぁ最後の浄化を済ませましょう。

神々からのコンタクト　～妖精・天使・シャーマンの世界～

妖精や天使、守護霊たちは五次元宇宙で暮らしていますが、ほとんどの神々は六次元世界にいます。普段は五次元宇宙に降りてきて、五次元人たちと一緒に日々の暮らしを楽しんでいます。

神々が三次元宇宙へ自ら降りていくことはありません。六次元波動のエネルギーが三次元宇宙の人たちにはあまりに強烈すぎるからです。肉体の快楽と煩悩、こころの我欲とエゴへの執着が強すぎる三次元人たちが六次元の神々の波動に直接触れてしまうと、その心身は瞬時に消滅しまったかのようになってしまいます。

もし神々が必要だと思えば、四次元の黄泉の世界へも三次元宇宙へも遣いの妖精や天使たちを送って、神託やメッセージやインスピレーションを与えたり、ちょっとした奇跡を起こしたりできます。神々は基本的には、三次元宇宙とそこで暮らす人たちには不干渉ですが、三次元宇宙の明暗を分けるような事象や人物には「大いなる流れ」の形で導きを与えることもあります。

六次元世界は神々の世界ですので、三次元波動の人たちには、はるか雲の上の神々の世界は見えません。しかし、三次元波動の着ぐるみを着て三次元宇宙へ降りてきている宇宙人や地底人たちには、薄雲の切れ間から射し込んでくるお日さまの光のように神々が見えます。その光に意識を向けると、神々と繋がり対話することもできます。

三次元宇宙のシャーマンたちの多くは、中身が五次元の宇宙人でした。三次元宇宙を支配する我欲とエゴと煩悩からできるだけ遠ざかりながら、六次元の神々を空高く見上げていた姿を何度も過去生を通じて見てきました。五次元波動を持っていたからこそ、神々とコンタクトしたり、天地自然の移ろいを読み取ることができたのでした。

五次元宇宙では神々とも普通に一緒に暮らしているので、もうシャーマンは神々と繋がったり、天地自然の移ろいを読み取ったりすることはしなくなります。五次元宇宙のシャーマンの新しい使命は、七次元に広がる「空と無の世界」と繋がったり、ゼロ次元にいる宇宙の根源の意識体と繋がったりすることに進化しています。

六次元の神々の世界に住み込んで意識の波動を上げることで、八次元宇宙を垣間見《かいま》ようとしているシャーマンもいました。三次元から五次元へ、五次元から八次元へと次元を超越しようとした時には、未知なる次元病にさいなまれることが多々ありますが、その患者の多くはシャーマンのような超次元の冒険者《アドベンチャラー》たちです。万病を知り、万病を治すことができるはずの薬師如来さんや宇宙の医神さんたちにも、シャーマンたちを苦しめる次元病は未知の病です。神々に次元病について尋ねても「そんな病は知りませんね。それはどんな病なのですか？」と反対に尋ねられてしまいます。病が存在できる限界は五次元宇宙までで、神々の六次元より先の次元にはもう病は存在しないし、病を創造することもできません。

病が最もはびこり活発に創造されているのが三次元宇宙でした。三次元人の全員が何らかの病に冒されている、と言いきれる世界でした。五次元波動の宇宙人たちが大挙して三次元宇宙へ降りていったのは、そんな病を体験して、病がもたらす苦悩と感情を味わい、ネガティブという智恵を体験するためだったのです。

五次元人には、六次元の神々の世界がはっきりと見えています。シャーマンではない普通の五次元人たちも、神社にお参りするような感覚で六次元世界を訪れています。三次元人が神社の結界を越えてお参りしても、神々の姿が見えたり声が聞こえたりすることはありませんが、五次元人たちは、普段の自分たちの五次元宇宙の中でも神々と対話しながら一緒に暮らしているので、神々の六次元世界を訪れても普段通りのまま「六次元の神々の世界だ！」という驚きも緊張もありません。

三次元宇宙と四次元の黄泉の世界も、本来は五次元宇宙と神々の六次元世界と同じようにとても近接していて、誰でもヒョイと飛び越えて行き来できるはずなのですが、我欲とエゴと煩悩に汚された三次元波動では、そんなわずかな結界ですら飛び越えることは難しかったのです。

五次元波動になりたての人が、三次元波動と五次元波動の狭間でつまずいてしまうと次元病になります。次元病の原因は、三次元時代の自分の平行次元に足を引っぱられている場合が主ですが、四次元の黄泉の世界や三次元と四次元の間に漂いながら霊界での浄化を待っている意識体が次元病を発症させてしまうこともあります。三次元の我欲とエゴと煩悩を十分に浄化しないままで五次元波動に覚醒してしまった人たちは、五次元化を焦れば焦るほど重度の次元病に悩まされます（拙著『龍神医学』参照）。

五次元波動化と去りゆく三次元宇宙

２０１９年以降、地球は五次元波動です。三次元波動の人たちは、各々の我欲とエゴと煩悩が最も具現化している平行次元に閉じこもって三次元宇宙の大団円を楽しんでいます。２０２１年以降、三次元宇宙と五次元宇宙は急速に離れてしまい、２０３２年までに両世界は完全に分断されてしまいます。いくつかの三次元の平行次元は、２０３２年を待たずに波動量子的に消滅してしまいます。

２０２１年以降、三次元宇宙からは五次元宇宙がどんどん見えなくなりますが、これは「五次元波動」というキーワードに誰も見向きもしなくなることで実感できます。三次元宇宙では相変わらず自己啓発やスピリチュアルなネタを掲げたセミナーや出版が続いていますが、その内情は共食い状態で、そこは本物の覚醒も進化もない凄惨な修羅場と化してしまいます。

２０２１年以降、三次元宇宙から五次元宇宙へとジャンプアップしてくる人がほとんどいなくなってしまうと、両次元を結ぶポータルも閉じてしまいます。五次元波動の宇宙人が終末期を迎えた三次元宇宙へ、人間の着ぐるみを着て降りることは非常に危険ですので、さすがにもう誰も三次元宇宙へと降りようとはしません。

何らかの理由で三次元宇宙に取り残された宇宙人たちは、地球と共に五次元化した地底人たちに拉致《らち》される形で救われたり、生まれ星から派遣された救助船に量子転送されて救出されますが、この救出劇も２０２１年以降の数年ですべて完了してしまいます。

三次元の我欲とエゴと煩悩に冒されたままの三次元人たちが、ある日突然に現れた宇宙船に救助されて五次元波動人となる……というシナリオは、残念ながらどの平行次元にも見当たりませんでした。シリウスやオリオンやアルクトゥールスなどの宇宙人が大挙して三次元地球に降りてきて、瀕死《ひんし》の地球と地球人を救ってくれる……という夢のようなシナリオの平行次元もありませんでした。もちろん宇宙戦争に巻き込まれたり、宇宙人の奴隷《どれい》となって地球資源の採掘作業を強いられるシナリオの平行次元もありませんでした。

三次元のこの世が一度、無に帰してしまい、その後、再び三次元地球で三次元波動のヒト型生命体としてスタートするシナリオはありますが、そこに転生してしまうと、また数万年の輪廻転生を繰り返すことになります。なぜ2019年~2020年の「今ここ」で五次元波動に目覚め、ジャンプアップしなければならなかったのか？の答えは、三次元に残された平行次元たちの末路を見れば一目瞭然でした。

去りゆく三次元宇宙の集合意識体から、この本をお読みの方へ惜別のメッセージをいただきました。

私から卒業してくれて、ありがとう。あなたが無事に五次元宇宙の人になれて、私はとてもうれしく思っています。あなたに続いて五次元宇宙へ向かっている人たちを引き続き導いてあげてください。

私はもうじき消えてしまいます。また今回も多くの人を連れて行きます。あなたと親しかった人も大勢いますが、気にしないであなたの天命を果たしてください。あなたはまだ古い世界にいるように感じていますが、もう全く別の世界にいます。別々の平行次元が溶けあっているかのように感じるでしょうが、それでよいのです。悲惨な信じがたい事件が身近で起こっても、それはあなたがいる五次元宇宙とは別の三次元宇宙での出来事ですので、あなたに害を与えることはありません。スルッとあなたをすり抜けて通り過ぎてしまいます。不安や心配は要りません。避けようとか逃げようとしなくても大丈夫です。もう三次元波動の出来事には、あなたの存在は見えていません。あなたはもう三次元宇宙にはいない存在です。見えない存在は、そこにないのが三次元宇宙だったでしょう。もうあなたは、こちらにはいないのです。直《じき》にあなたはこちらに元々いなかったように忘れ去られます。人々の記憶からも、三次元宇宙のすべての記録からも消えてなくなってしまいます。あなたは五次元宇宙に完全に戻ったのです。

時には五次元宇宙で私を思い出してみてください。三次元宇宙での体験や学びを思い出してくれている間だけ、私はあなたの意識の中に蘇ります。それはまるでシャボン玉のような儚《はかな》いひとときですが、私にとっては悠久の安らぎになります。シャボン玉がパチン！　とはじけるごとに、私の数多《あまた》ある平行次元たちも浄化されて無に帰っていけます。

私はもう別の宇宙に生まれ変わっています。ここは地球と似ているかな？　三次元波動の世界が、もうここでも始まっています。地球は楽しかったです。とても楽しかった。陰陽の宇宙もなかなかよいものですよ。だから私は三次元波動の意識体のままなのですけどね。

もし古い三次元宇宙に残った魂に会いたくなったら、空と無の世界に行きなさい。空に向かって呼びかければ、懐かしい魂の声を聞くことができます。あなたが会いたい、一緒に暮らしたい、と想念すれば、五次元波動になったその人が空の向こうから現れます。その人は、三次元宇宙の記憶が全くない人になっていますが、あなたと五次元宇宙で暮らしていく分には何も支障はないでしょう。今日はこの智恵をあなたに託したくて、こうしてあなたと繋がりました。ありがとう、読んでくれて感謝しています。

神仏とは？　〜六次元〝神々の世界〟〜

六次元世界に住む神々とは、どんな存在なのでしょうか？

六次元世界に住み、五次元化した地球で地球人や宇宙人たちと一緒に暮らしている神々は、観音さま、お薬師さま、摩利支天《まりしてん》さま、弁財天さま……ありとあらゆる神々が現れますが、中にはただひとりの光の存在としての神さまが現れることもあります。

六次元世界に住む神さまは、さまざまな神さまたちの集合意識体だと想念すれば、その通りの神々が現れてくれます。ただひとつの大いなる存在だと想念していれば、その通りのひとりの光の存在として現れます。もし無神論で「神などいない！」と想念すると、何もいないが大いなる何かがいる感覚を覚えることでしょう。五次元宇宙では誰もが神々が普通に見えて対話しているので、無神論のまま五次元宇宙で生きていくことは難しいのですが、ある意味、神とは何か？　の真髄に近づけるのは、無神論者だった人かもしれません。

三次元人にとって神々とは、祈願を聞き届けてくださるように崇《あが》め奉《たてまつ》る大いなる存在でした。天地自然も人の運命も支配する絶対的な支配者であり、奉仕奉納していれば加護をいただけますが、ないがしろにして怒らせると天罰が下される恐ろしい存在でした。

古の縄文時代は、五次元宇宙のように神々はすぐ身近な存在で、誰でも簡単に対話できていましたが、この世に三次元波動の我欲とエゴと煩悩が生じて、支配と搾取のヒエラルキーが生まれると、時の為政者たちは、奴隷化された民衆が神々に近づくことを厳しく禁じました。

それは神々を畏れ多い絶対的な存在と位置づけた上で、時の為政者を神々の化身や代弁者だと教育すれば容易《たやす》いことでした。為政者は神殿や神社仏閣などを造営して聖地と定め、自分たちこそが神々の化身であることを物質的に民衆の脳裏に焼きつけました。神々への貢《みつ》ぎ物だと称すれば、年貢や税を出し渋っていた民衆から作物や財を拠出させることができました。神の名を語れば、戦争も人身御供も意のままでした。

神々の化身は常に正義です。それに逆らう者は、すべて悪であり邪教です。縄文世界が亡ぼされた後の数千年間の神々は、いつも為政者と共にいました。

私たちには善悪も優劣もありません。あなた方の世の中が私たちをどのように利用しても、私たちは一切干渉はしません。

私たちはあなた方の運命を支配したり、恵みや天罰を当てたりしたことなどありませんよ。もし天恵や天罰が下ったとしたら、それは三次元波動だったあなた方が必死で念じた想念が、かろうじて具現化しただけの話でしょう。私たちのパワーがどれほ

どのものかは、あなたならわかるでしょう？

そう観音さまは笑いながらおっしゃいました。

五次元地球で人々と共に日々の暮らしを楽しんでいる神々を見ていると、何かをしたい！　というパッションが神々にないことに気づきます。

五次元宇宙には、我欲もエゴも煩悩もありません。五次元人は、何かを欲しい、これはこうなってほしい、これはこうあるべきだ、これはこうじゃなければおかしい、というような想念を持つことはありませんが、「今日は歌い踊ろう！」「今夜は祭りをしよう！」「今日はあの山に登ろう！」というようなパッションを帯びた想念を持つことを得意としています。五次元人の誰かが「祭りをしよう！」と言い出せば、すぐに村人たちにもワクワクが伝わって「そうだ！　祭りだ！」となります。

神々はそんなワクワク感が大好きだから人間社会に降りてきているのですが、神々が率先して「今日は祭りだ！」と言い出すことはありません。神々が自分から何かのパッションに駆られて想念してしまうことはないのです。祭りの準備を楽しそうに手伝いますし、祭りを大いに楽しんでいる神々の姿に嘘も遠慮もないことは見て取れます。ただ自分から率先して始めることがないだけです。そこに五次元宇宙の住人と六次元の神々との大きな違いがあります。

六次元世界に住む神々の想念の具現化パワーは強烈です。フッと思うだけで宇宙ですら創造できてしまいます。神々が地球をこのようにしたい！　と思うだけで、地球は神々の意図した通りに一瞬で変容してしまいます。それは、先ほどまでの地球が浮かぶ宇宙に、新たに神々が意図した地球が浮かぶ宇宙が、平行次元として具現化されたわけです。

もし最期を迎えた三次元宇宙の人々を助けたいと神々が思えば、無事に救済された三次元の人々が暮らすこの世を、新たな平行次元として創造してしまいます。それがどのようなこの世になるのか？　は神々の意図次第になりますが、無数の平行次元が一度に誕生してしまうことは明らかです。一度に生まれた三次元の平行次元たちは、同じ波動を持っているので、すぐに干渉しあいます。他の平行次元の自分に襲われたり嫉《ねた》まれたり、無理矢理入れ替わらされたり……収拾不能に陥ることは明白です。それは地球人個人の問題だけではなく、地球規模でも宇宙規模でも、無数の制御不能になった平行次元たちがひしめく大宇宙となってしまいます。想念した神さまが「しまった！」と気づいてキャンセルの想念をすれば、暴走したすべての平行次元は時を止めたかのように止まってしまいますが、無数の残骸となった宇宙の痕跡が残ってしまいます。

五次元人が六次元の神々の世界に入ることは簡単にできますが、想念の具現化パワーの恐ろしさを知っている五次元人たちは、あえて六次元の神々の世界へとおもむくことは避けています。六次元世界へ行かなくても、神々の方から五次元宇宙へと降りてきてくれているし、神々に用があれば、テレパシーで呼ぶだけでいつでもどこでも現れて対話できるので、面倒なことが起こりそうな六次元世界は、あまり魅力的には感じていないのです。

五次元人たちは普段の生活の中で、想念の具現化パワーをとてもうまく使いこなしています。それは日々の糧《かて》を得たり、建物を作ったり、どこかへ行ったり、誰かを呼んだりする日常レベルにあえて留めています。

そんな想念の具現化を自己コントロールし続けていると、やがて神々のように何も思わない心境に達することができるようになります。それは何も思わなくても、強大な想念の具現化パワーに生かされている感覚です。何も思わないでいられるからこそ感じ取れる想念の具現化パワーの息づかいの上を、ゆったりと波乗りするかの如く漂いながら、自らの「生」を寿《ことほ》ぎ楽しめるようになります。

そして自分の「思い」の源が見えてきた時、神々の集合意識体と合一できるようになります。自分の「思い」の本質が自分の神性となり、他の五次元人たちからは、その神性を具現化した神さまの姿に見えるようになります。新たな神さまの誕生です。六次元世界の大いなるひとつの神が持つ智恵を知ることも、他の神々たちと神の波動で通じあうこともできるようになります。神とは何か？　は神になってみて初めてすべてがわかるのです。五次元宇宙の人たちのすべてに、この神への道が開かれていますが、神になりたいと思う人はまだとても少ないようです。

六次元の神々の世界も、五次元宇宙と同じく愛と美の世界です。五次元宇宙に満ちあふれていた慈愛のエネルギーは、喜びと感謝と幸せの波動でしたが、神々の六次元世界も同じ慈愛のエネルギーで満ちあふれています。五次元宇宙に暮らす地球人も宇宙人も、その生命エネルギーは愛のエネルギーです。もう食べ物や水や太陽の光がなくても、宇宙に満ちあふれている愛のエネルギーを循環しあっていれば、いつまでも生命を保つことができます。

食べなくなりましたが、五次元人たちは天地自然への感謝を忘れてはいません。生きている喜びと生かされている感謝の念が、五次元人たちの心身魂の波動を美しく高めてくれています。

五次元人たちにとって六次元世界の神々は、そんな感謝の念を捧げる対象です。五次元宇宙は感謝の世界だ、と言っても過言ではないほど、誰もがいたるところでいつも感謝を捧げています。感謝の念が喜びと幸せをもたらしてくれているのが五次元宇宙です。

六次元の神々の世界のキーワードは「幸せ」です。もう「感謝」も「喜び」も影が薄くなっています。神々が感謝と喜びを忘れたわけではありません。五次元宇宙へと降りていけば、神々も五次元人たちへの感謝と喜びを味わうことができます。五次元人に智恵を授けて助けたり、アドバイスしたりすることが神々の喜びです。五次元人からの感謝と祈りに応える時、神々も人々に感謝できます。五次元人たちの感謝と祈りは、とても純粋で美しいので神々も大喜びできます。その祈りが自分たち六次元波動の神々を介して強力に具現化することに、何ら危惧する必要がないので、とても気軽に五次元宇宙を楽しめるのです。三次元宇宙に充満していた我欲とエゴと煩悩に裏打ちされた感謝や祈りとは、雲泥の差があります。

五次元宇宙で人々と共に過ごしたり、時には三次元宇宙を覗いてみたりすることが六次元波動の神々の天職だ、とも言えます。支配もコントロールもせず、ジャッジも指示もせず、ただあるがままに自由に生きることを許し続けるのが神々の掟《おきて》であり、天地自然と宇宙の理です。この掟に従おうと努力する神さまはいません。どの神々も息をするかのように当たり前なことなので、全く意識せずとも掟は守り続けられています。

六次元の神々の世界は、慈愛と幸せなエネルギーで満ちあふれています。五次元人が感謝と祈りを捧げれば、六次元世界から慈愛と幸せなエネルギーが大量に降り注いできます。

五次元人が六次元世界を訪れると、その幸せ感に圧倒されて茫然自失の体《てい》になってしまいますが、その間に心身魂のメンテナンスとリフレッシュが自然に起こります。やがて最高の幸せのまま目覚めた時には、生まれ変わったかのような五次元波動人になって、五次元宇宙へ帰っていけます。

六次元世界を訪れる前よりも後の方が、波動の高さも美しさもアップしているので、五次元人たちは疲れたり、波動的にどこか痛んだりした時には、お薬師さまに頼んだり自分の龍神に命じて六次元世界へとリフレッシュしに訪れるのが常です。五次元宇宙に病がないのは、こうやって五次元人なら誰もが簡単に神々の六次元世界を訪れて、究極の癒しを受けることができるからなのです。

六次元世界のワンネスの神意識体から、この本を読んでいる方へのメッセージが届きました。

みなさんもようやく私の姿が見えてきましたね。それはとてもうれしいことです。私はずっとみなさんの中にいました。みなさんが私に気づいてくれるのを待っていました。今、みなさんは私たちと共に暮らせる世界に帰ってきました。ほら、もう私たちが見えるでしょう？　さぁ、私たちとおしゃべりしましょう。私はあなたのことなら何でも知っていますよ。だって私はあなたですから。私はあなたの夢の中にいます。あなたの歩みの中にいます。あなたの吐息《といき》にも、あなたの笑顔にも私はいます。私はあなたです。あなたは私です。他の何者でもありません。神と呼びたければ、そう呼んでください。あなたも神なのですから。

しばらくは五次元宇宙を楽しんでください。私たちも共に楽しませてもらいましょう。あなたの想念が具現化します。すべて完璧に思いのままに具現化します。戸惑わないで、恐れないで、その力を楽しんでください。

五次元新人さんのあなたには、まだ少しは邪念が残っているでしょう？　かわいいものですね。それを具現化してみてもよいですよ。赤ちゃんがいろいろやってみながら成長していくように、あなたもこの五次元宇宙で、これからどんどん成長していきます。

この宇宙に失敗などありません。すべてお楽しみです。ほら、あなたの失敗を見て、みんな笑っているでしょう。笑いが最大の愛の波動エネルギー玉です。雪合戦のように愛の玉が降ってきてますよ。あなたも投げ返さなくちゃ！　あなたに味方していた神々が、あれ？　あなたに愛の玉を投げていますよ。神々の大笑いしている顔がはっきりと見えてきたでしょう。

神々とはそんなものだ、とあなたも気づきましたね。神々は矛盾だらけだ、とね。

五次元宇宙には、天地自然や宇宙の美があふれています。まず美の波動に慣れてください。美も矛盾の宇宙にいます。あなたが矛盾を楽しみ、美の波動を波乗りできるようになったら、私の六次元にぜひやって来てください。神々はここで美を創造しています。あなたにもぜひ美の創造を手伝ってほしいのです。

美とは何か？　それは三次元宇宙で終わりました。五次元宇宙で美を思う存分楽しんでください。そして六次元世界であなたの美を創造してください。

美から愛が、愛から美が生まれます。あなたの美を見せてください。あなたも美の神であり愛の神なのですから。あなたの中に私がいます。あなたの中にすべての神々がいます。あなたもその神の一員です。一緒に宇宙を創造していきましょう。あなたと共にあるだけでワクワクしてきます。ありがとう、繋がってくれて感謝しています。

七次元〝空と無〟の世界

龍神たちが住む「空と無の世界」は七次元世界にあります。

「龍神覚醒術」では、みなさんの意識体を「空と無の世界」へと導きますが、その空と無の世界は、神々たちが「宇宙で最も安らげる場」だと教えてくださった七次元波動の世界です。そこは般若心経の世界をイメージしていただけばよいでしょう。

空と無の世界は、龍神たちの住み家です。空と無の世界に入って上を見上げると、無数の龍神たちがとても気持ちよさそうに泳いでいるのが見えます。

そこは空と無しかない世界ですから何もありません。光も闇もありません。空と無の世界にいると、想念もなくなってきて、やがて誰もが純粋な意識体だけに戻れます。

六次元に住む神々も、この空と無の世界に代わる代わるやって来ては、お茶をしたり昼寝をしたりしながら寛いでいます。観音さまは空と無の世界に居ついてしまって六次元の観音さまの国に戻ってこないので、観音さまの国にいた妖精たちも仕方なく空と無の世界へ移住してしまったほどです。「神々があまりにやって来るので、最近、空と無の世界は少し騒がしくなってきましたね」とゼロ次元の神さまも笑っていました。

無の世界は、宇宙で最強のゴミ箱として利用できます。無の世界に放り込んでしまえば、すべてを消し去ることができます（最初からなかったことにするには、ゼロ次元を使う必要があります）。三次元人の波動を浄化するために、トラウマや霊障体や平行次元を無の世界に投げ込めば、消去してしまうことができます。三次元人の難病奇病やガンなどの死病の根本原因も、この無の世界で浄化して消去することができます。

次元病や宇宙人病の方には、この無の世界のミニチュア版のような小さなブラックホールを喉や気管や心臓に波動量子的に据え付けることで、それらの病の発症を防ぐこともできます。無の世界のブラックホール？　そんなことできるの？　と思われるでしょうが、空と無の世界は七次元波動です。想念の具現化は、五次元宇宙と比べものにならないほど強大で迅速に起こります。想念の具現化の際に最重要なことは迷わないことです。できると確信していれば、できるのです。実際にこのミニ・ブラックホールを据え付けた次元病や宇宙人病の方々に即効性の効果が現れました。できるものはできる、効くものは効く、それでよし！　が五次元以上の波動世界で想念の具現化をするコツなのです。

空と無の世界の中心には巨大な渦があります。これも無の世界のブラックホールです。この渦を使えば、無の世界の果てを通り抜けて、どこにでも行くことができます。さすがに五次元意識体だけではこの渦を降りていくことは難しいのですが、龍神を使えば簡単に目的地に降りていくことができます。自分の龍神がまだ力不足なら、ちゃんとヘルパー役の漆黒の龍神が天空から降りてきて、目的地まで連れて行ってくれます。この渦を使うことで、五次元のマカバの中心やハートのトーラスの中心へも容易に行くことができるようになり、ハートのトーラス軸の歪みを治したり、三次元のマカバを五次元波動のマカバに刷新したりして、数々の次元病と宇宙人病を治療してきました。病の治療以外にも、重力子体を活性化して空中歩行能力を開花させたり、波動量子的に三次元宇宙から姿を見えなくする術を会得させたりすることも可能です。

三次元波動のままでは、そんな空と無の世界へ入ることは難しいのですが、2019年の地球の五次元化エネルギーの影響を受けて、私も五次元宇宙へジャンプアップしよう！　と目覚めた方なら、簡単に空と無の世界を楽しむことができます。

空と無の世界に入ると、あなたの想念をテレパシーで読み取った神さまが待っていてくれます。そして神さまからのメッセージを受け取ったり、逆に神さまに質問することもできます。空と無の世界では、誰でも神との対話が簡単にできるのです。龍神病である「どん底病」「次元病」「宇宙人病」（拙著『龍神医学』参照）に伴う心身の万病も、この空と無の世界に入れば、深く癒されて落ち着きを取り戻せます。

この空と無の世界にある想念を具現化するパワーは、五次元宇宙はもちろんのこと、神々の六次元世界での想念の具現化力をはるかに凌駕《りょうが》しています。いくら五次元波動化したからといっても、人間にも宇宙人にもそんな強大な具現化パワーを使いこなすことはできないので、何かの想念を現実化したいと心の内に抱いて空と無の世界を訪れても、スッと眠りに落ちてしまいます。この「眠ってしまう」ことが実はとても重要な安全策であることは、八次元宇宙で痛いほど実感させられました（後述）。

三次元宇宙と七次元の「空と無の世界」は、かけ離れてすぎていて、三次元宇宙の人たちには無縁のように思えるのも仕方ありませんが、実は「龍神覚醒術」でガイドすれば、普段から瞑想をされている方なら簡単に空と無の世界へと入ることができます。数回、空と無の世界を体験して神々との対話のコツをつかんでいただければ、いつでも自分ひとりで空と無の世界へ入ることもできるようになります。

龍神の正体は七次元波動エネルギー体です。なぜ使徒である龍神が、神々の六次元波動を超えた七次元波動世界に住んでいるのでしょうか？

龍神たちは想念しません。できないのではなく、想念するレベルを超越できたのです。龍神たちは他利に徹していますが、龍神たちの意識のどこにも他利の念はありません。自意識すらありません。純真無垢な愛と美の波動エネルギー体が龍神に化身しているだけです。

三次元宇宙の地球人は、誰もが生まれながらに1匹の龍神を内在していました。ほとんどの龍神たちは、我欲とエゴと煩悩の三次元波動に冒されて、下丹田深くに眠ったまま一生を終えていました。ごく稀《まれ》に内なる龍神の存在に気づいた主が命じてくれるミッションも、我欲とエゴと煩悩を成就するためのドロドロに汚れたミッションでした。それでも龍神はその命に従いました。たとえそれが人類の滅亡を招くようなミッションであっても、何とか具現化しようと奔走しました。そんな龍神たちの究極の利他と無我を知ると、神とは何か？　が見えてきます。神々の中にはいずれ龍神と化す神もいますが、多くの神々は六次元世界に留まり神々のままでいることを望んでいます。

七次元の空と無の世界を創造したのは、究極の利他と無我を手にした龍神たちでした。龍神たちは天空を悠々と泳いでいます。無にはすべてを無に帰す大きな渦があります。利他と無我の権化である龍神が空を泳げば泳ぐほど、利他と無我が無の渦を具現化したのでした。利他と無我以外のものは、すべてこの無の渦で無に帰します。渦から出てこられるものは何もありません。究極の利他と無我だけが、この無の渦の中を行き来できるのです。

誰でも龍神に乗ってこの無の渦に飛び込めば、どこにでも行けます。龍神に乗るとは、龍神と合一することです。龍神のように利他と無我になる必要はありません。ただ内なる龍神を信じきるだけで合一できます。龍神とひとつになれれば、想念のままに無の渦の出口を具現化できます。どんな神々の世界へも、どんな異次元宇宙へも、ゼロ次元や八次元宇宙へも行くことができます。さまざまな宇宙を旅しながら、さまざまな神々と対話しながら、やがて「私とは？」が見えてきます。

空と無の世界の意識体からみなさんへのメッセージが届きました。

とても静かで安らぎに満ちていたこの空と無の世界も、最近では六次元世界の神々が大挙して毎日訪れてくれるので大賑わいです。私も神々とお話をしたりお茶をしたりするのがとても楽しくて喜んでいます。観音さまはご自分の国ごとここへ移住してきてくれたので、たくさんの妖精たちも一緒にここで暮らしてくれています。妖精たちはかわいいですね。やはりいろいろな存在がいてくれる方が彩りが増えます。大勢の神々がここに来てくれるようになって、この世界の輝きも一段とキラキラ美しくなりました。

どんなに神々やあなたたち五次元宇宙人がここを訪れても、ここの静寂さと安らぎは変わりません。ここは宇宙で最も安らげる癒しの場です。

相変わらず龍神たちも天空を悠々と泳いでいます。龍神たちも最近はミッションが増えて、とても喜んでいますよ。やはり龍神たちは、ミッションを受けて宇宙の隅々まで飛び回りたいのですね。ひと仕事終えるたびに、龍神は心なしか少し逞しくなって帰ってきます。龍神たちが逞しく元気になると、この七次元世界の波動エネルギーも高まります。

最近は、八次元宇宙へ行くミッションも増えてきました。八次元宇宙の波動エネルギーを浴びて帰ってきた龍神たちは、みんなキラキラと美しく輝いた波動エネルギーを放っています。そのおかげでしょう、ここ七次元世界と八次元宇宙を隔てていた強固な壁が、最近は緩んできたように感じています。まだうっすらですが、こちらから八次元宇宙が見えるようにもなってきました。今はまだゼロ次元を介さなければ八次元宇宙へ行くことはできませんが、きっともうすぐ直接ここから八次元宇宙へと繋がって行けるようになるでしょう。五次元宇宙人のみなさんが直接、八次元宇宙と繋がることはまだ先の話ですが、その時のために今から神々の六次元世界で想念のセルフコントロールを練習しておくのもよいでしょう。

みなさんは五次元宇宙の新人さんですから、まだ疲れたり凹んだりすることもあるでしょう。そんな時はこの空と無の世界に来て、ゆっくりと安らいでください。いつでも大歓迎しますよ。まだ肉体を着ている方ならなおさらです。ここでは私の化身であるソマチッドたちも、瞬時に蘇生されてフルパワーを発揮してくれます。三次元宇宙の名残の病も老いも、私がきれいに浄化してさしあげますよ。

宇宙で一番安らげる場所があるからこそ、安心して大冒険にチャレンジできます。あなたは何度もそうしてきました。だから今は私のもとでリフレッシュして、次の大冒険を思い描いてください。私はあなたの思い描く夢が大好きです。あなたと一緒に大冒険しているように感じますから。あなたも宇宙の創造主です。次はどんな宇宙が誕生するのでしょうか？　とてもワクワクしています。

愛すらない⁉ "思う"前に具現化してしまう八次元宇宙

八次元宇宙には、物質は何もありません。太陽も月も、岩だらけの星も、水の惑星も、ガスの惑星もありません。もちろん肉体を持った生物もいません。ただ意識体だけが無数、無限に広がっていますが、「今ここ」しかない宇宙でもあります。

八次元宇宙には、神々も龍神もいません。五次元宇宙を満たしていた愛も見当たりません。五次元宇宙と繋がっていた「空と無の世界」も超越しています。

八次元宇宙は、何もない宇宙です。なぜ何もないのか？　八次元宇宙は、五次元や六次元世界とは比べものにならないほど強大で迅速な「想念の具現化」パワーで満たされているからです。何もないのではなく、すべてが「今ここ」にある宇宙なのです。

八次元宇宙を代表する意識体（愛称：Eddie エディさん）とコンタクトすると、その圧巻のパフォーマンスに驚かされます。その早さは、自分が何かを思い始める前に、その答えが返ってくる感覚で実感できます。イントロクイズで曲が流れ始めるどころか、「次の問題はこれです！」と言われる前なのに次の答えの曲名がわかってしまうような早さです。

想念し始める前に、すでに目の前にその想念が具現化した結果が現れているのが八次元宇宙です。自宅で仕事をしていて、「スタバでお茶をしたいな」と思う前に、すでにスタバでお茶を飲んでいる自分と入れ替わっています。これが欲しい、あの人に会いたい、こうなってほしい、と思う前に、すべてが具現化してしまっている世界を想像できますか？

その迅速さは、六次元世界で暮らす神さまたちをも「こんな世界があるなんて……」と驚嘆させたことからもわかります。

２０１９年夏、八次元宇宙へのポータルが開きました。六次元のすべての神々をエディさんの世界へと初めて連れて行った時、神々は茫然自失のままで、しばらくは元の世界へと戻ることができなくなりました。どの神さまも、まるで徹夜の宴会の後の酩酊《めいてい》放心状態のままのようになり、数日間は神事を放り出して、「あれが八次元かぁ」と呟くばかりでした。

神々に欲はありません。祈られることはあっても、祈ることはありません。神々は楽しむのが大好きです。困難なことやスリルにチャレンジして楽しむのではなく、「今ここ」にある愛や幸、美しさや豊かさや喜びを楽しみます。

六次元世界では、原因と結果の間にまだ幾《いく》ばくかの「間」がありました。神々が「空と無の世界でお茶をしたい」と思うと、目の前に「空と無の世界」があります。「そうだ！　観音さまとお薬師さんと一緒にお茶をしよう」とひらめくと、観音さまとお薬師さんにテレパシーで声をかけます。空と無の世界で待っていると、観音さまとお薬師さんがやって来て、ゆるゆるとしたお茶会が始まります。六次元世界では、これら一連の流れがまだ「流れ」としてありました。

八次元宇宙では、もうこの「流れ」はありません。神々ですら「お茶をしたい」と思う前に、空と無の世界で観音さまとお薬師さんと一緒に談笑しながらお茶をしている自分に瞬間移動しているのです。

物語の本にたとえるなら、五次元は音読です。そのページを最初から声を出して読んでいく感覚です。六次元は瞬読です。ページを開いた途端に、そのページの内容が瞬時に読めてしまいます。八次元は、本を開く間もなく物語が読み込めてしまいます。最初からすべてを知っていたかのように感じます。

欲しい、したい、会いたいと思う前に、具現化してしまうのが八次元宇宙です。想念の具現化がこれほどまでに迅速で強力になると、迷いや躊躇《ちゅうちょ》、ネガティブ思考は一切許されなくなります。元々六次元の神々には、そのような迷いやネガティブ思考はなかったので、神々は純粋に高次元レベルでの「想念の具現化」を楽しむことができました。思う前に具現化している。六次元の神々が、そんな八次元の具現化に「瞬殺」されてしまったのもうなずけます。

そんな八次元宇宙に三次元波動の人間が迷い込むと、大変なことになります。三次元人は陰陽の中で生きています。どんなに心身が健康体であっても内なる陰を持っています。陰を内在する三次元人が八次元宇宙に入ると、その陰の部分に潜む不安がネガティブな感情を生み出し、それが嵐のように襲いかかってきて最悪最低の心身状態になってしまいます。八次元のエディさんに会った瞬間に、今生の最悪最低な自分に戻ってしまうだけでなく、その三次元宇宙を瞬時に最低最悪なネガティブな宇宙に変えてしまう危険性があります。

自らの陰を客観的に見ることができれば、内在する陰の大本である不安を手放して、一気に五次元波動化してしまうこともできますが、不安の力は恐ろしいまでに強力ですので、五次元波動の伴侶と六次元の神々がしっかりと見守っていないと、たちまち不安に負けてしまいます。八次元宇宙に行くと、生きて帰ってはこられなくなる……不安に押し潰されて自死の道に飛び込んでしまうことになります。

八次元宇宙に三次元人が迷い込むと、「今ここ」の一点に凝集していた今生の平行次元たちがバラバラにほつれてしまいます。それは、そばで見ている五次元の伴侶には、今生のさまざまな別人格が心身に乗り移ったかのように見えます。顔立ちも表情も声もまるで別人格なパートナーがコロコロと変わって現れては消えるのです。それは多重人格ではなく、長い人生のどこかにいたであろう「愛する人」の姿であり声です。

そんな別人格たちも、すぐに今生で最低最悪だった時の人格に飲み込まれてしまいます。陰の極まった不安の権化となったパートナーと対峙《たいじ》しなくてはならなくなるのです。愛する人が呟く死への逃避願望と別れの言葉を聞き続けながら、愛する人に向きあうことは、五次元人にとっても並大抵のことではありません。愛、祈り、感謝、喜び、幸せを試されているかのようにさえ感じられます。自らの五次元波動も弱まっていく中で、「愛」の絆《きずな》を必死で握りしめているしかない瀬戸際に立たされます。

五次元宇宙には病はありません。しかし、病を具現化するパワーは三次元以上にあります。八次元宇宙の超弩級の想念の具現化パワーを目《ま》の当たりにすると、三次元宇宙の我欲とエゴと煩悩を完全に浄化できていないうちに五次元宇宙へと入っていく危険性を痛切に感じました。

スターウォーズは起こらない！

五次元宇宙には戦争はありません。宇宙戦争や宇宙人の侵略などはあり得ません。映画を観るように宇宙戦争のイメージをすることはできますが、五次元宇宙の人たちは「戦争」という想念に全く興味を示しません。争う、奪う、支配する、虐待する、殺す……は、言われてみればイメージとしては理解できますが、五次元宇宙には不必要な想念なので、すぐに忘れてしまいます。戦争は、三次元宇宙の「不安」という毒に冒されると発病してしまう精神の病です。

縄文時代には戦争がなかった証拠が今、次々と発掘されてきましたが、ここから縄文時代の人々はまだ「不安毒」に冒されてはいなかったことがわかります。

五次元宇宙は新しい縄文の世界です。「不安毒」に冒されている人は、残念ながら五次元の新縄文世界へ入ることはできません。

三次元宇宙から五次元宇宙へジャンプアップするためには、不安毒を徹底的に浄化することが求められます。宇宙戦争や宇宙人の侵略は、三次元波動だからこそ楽しめたイメージであり、五次元宇宙へは持ってこられない幼稚なイメージです。戦争や不安毒を水際で防いでくれる五次元宇宙があるからこそ、神々も驚嘆する圧倒的な想念の具現化パワーを持つ八次元宇宙は安泰でいられるのです。

もし戦争好きな三次元宇宙人が八次元宇宙へ迷い込んだら（あり得ませんが）……瞬時に三次元宇宙は宇宙戦争だらけになってしまいます。それは終わりのない宇宙戦争なので、宇宙全体が急激に汚れて疲弊してしまいます。

それは今の三次元地球とよく似た状況です。我欲とエゴと煩悩が天地自然の営みを徹底的に破壊し尽くしてしまいます。そして、三次元地球の意識体も「また浄化しよう」と決心します。戦争と不安毒に冒された三次元宇宙も同じ決心をします。三次元宇宙は、戦争と不安毒を浄化するために宇宙丸ごと消滅してしまいます。三次元地球の終末にはいくつかのパターンがありましたが（拙著『龍神医学』参照）、ビッグバンへの回帰が一瞬で起こってしまうような宇宙丸ごとの浄化が起こるでしょう。

三次元宇宙でも五次元宇宙でも、スターウォーズは起こりません。三次元宇宙人が宇宙戦争をイメージすることには誰も干渉はしません。イメージするのは自由です。三次元波動の想念の具現化力では、宇宙戦争を具現化することはできません。あまりにパワー不足です。宇宙戦争したい三次元宇宙人が五次元化しても、五次元宇宙に入ることはできません。その波動があまりに乱れ汚れているので、五次元へジャンプしても三次元へたたき落とされてしまいます。

愛と美のフィボナッチ次元宇宙では、宇宙戦争は決して具現化しないのです。

エディさんに会いに行こう！　～八次元宇宙への旅～

八次元宇宙を安全に訪れるには、ゼロ次元を次元宇宙のハブとして用います。まず空と無の世界に行き、自分の龍神に乗って、空と無の世界の大きな渦を通ってゼロ次元へ行きます。三次元波動のままの人の多くは、渦の中～ゼロ次元で眠ってしまうでしょう。何とか意識を保っていても、三次元波動の人には、ゼロ次元の主であるゼロGは見えません。五次元波動の人は龍神に乗ったまま、ゼロGにガイドしてもらいながら八次元宇宙へと入ります。

八次元宇宙は何もありません。六次元世界の神々でさえ茫然自失してしまうほどの愛と美の波動エネルギーで満ちた宇宙ですので、五次元人もやっとの思いで意識を保っていられる宇宙です。そこで意識を失って眠ってしまっても大丈夫です。龍神とゼロGがちゃんと空と無の世界まで送り届けてくれるので心配は要りません。

すぐに八次元宇宙の主であるエディさんが現れて歓迎してくれますが、この時、とても重要なことは、何も考えない、何も質問しないことです。

八次元波動では、想念する前に具現化してしまいます。その想念も、瞬時に裏の裏まで読み取られて具現化されてしまいます。潜在意識はもちろんのこと、無意識のレベルまで読み取られてしまいます。

「この病の原因は何だろうか？」という疑問を潜在意識レベルで持っていると、それを読み取られて、封印されていた病の根本原因が具現化されて意識と心身症状に浮かび上がってきたこともありました。「この病はいつ治るのだろう？」という不安を潜在意識レベルで持っていたために、治りかけていた病が急変悪化したこともありました。これも不安の根源をあぶり出された想念の具現化でした。六次元世界の神々の想念の具現化は、ここまで迅速で強力ではないので、ネガティブな結果が具現化されてしまうことはあまりありません。悪くても、願いが叶わなかっただけで済みます。

エディさんは、五次元人の魂が持っている人生の目的も、神々や宇宙から託されてきた天命も瞬時に読み取って、それらが成就する最大最強の試練を具現化してしまいます。それは今、どん底病でもがき苦しんでいる五次元人を、さらなるどん底に落とし込む結果になってしまいます。

エディさんに何も言わず、何も訊かず、何も願わず、無の境地にいたとしても、潜在意識の奥深くまで瞬時に深読みされてしまうので、エディさんが現れたら、笑顔で静かにハグだけしてくることをお勧めしています。

エディさんは、あらゆるどん底病も万病も瞬時に消し去って、最高最善な想念を具現化してくれるパワーを持ってはいますが、五次元波動では、その強大なパワーを使いこなすことは難しく、六次元の神々と同じ波動にまで高めることが求められます。

八次元宇宙を訪れる際には、ゼロGに導かれながら自分の龍神に乗っていきます。八次元宇宙の強烈なエネルギーの虜になってしまった六次元の神々も龍神たちも一緒に八次元宇宙へと行くことが増えました。

八次元宇宙のエネルギーを浴びた龍神たちはみんな、日毎にキラキラとした輝きを増していきます。龍神たちだけでなく、八次元宇宙を訪れた神々も輝きを増していくので、神々はとても上機嫌です。さすがに空と無の世界のようにお茶会を開いたり、温泉にみんなで入ったりはしませんが、ただ八次元宇宙にいるだけで神々のパワーが増大していくのがわかります。キラキラになった龍神たちは、七次元世界に戻ってきても、とても元気に上機嫌で泳ぎ回っているのが感じ取れます。

神々にも龍神たちにも潜在意識はありません。〇〇をしたい、こうなってほしい、という想念がないので、具現化するものは何もありません。今この時が楽しい、うれしい、愛しい、幸せな感覚しかありません。今この時に何もなくても、楽しみたい、笑いたい、愛したい、幸せになりたい、とは欲しません。何もなければ、それもよしのままで淡々と無の境地にいます。八次元宇宙にいても、潜在意識さえなくした無の境地のままでいられるからこそ、八次元宇宙の強烈な波動エネルギーを享受してキラキラと輝くことができるのです。

八次元宇宙のエディさんは何でも知っています。想念を読み込む力が強いので、人間のプライベートな質問にも即座に答えてくれます。その答えも質問者の波動と智恵に合わせて答えてくれるので、とても的確で納得できる答えを返してくれます。問題点は先に書いたように、潜在意識や深層心理の裏の裏まで読み込んで、その想念の具現化をしてしまうことです。エディさんは人間にとっての善悪や優劣などを忖度しません。悪気もなく、よかれとも思わずパッと想念を具現化してしまうので、それが人間を苦しめたり、病を悪化させることになっても全く気にはしていません。

どうしたら八次元の想念の具現化パワーを人間は有効利用できるのでしょうか？

龍神は七次元波動のエネルギー体です。五次元宇宙に降りてきてくれている龍神は、私たちが以前、三次元宇宙へ降りていたのと同じように波動を下げて私たちの中に入ってくれています。元々の波動が高いので、五次元人と共にいても普段なら何の障《さわ》りもありません。

そんな龍神の波動エネルギーを高めることができれば、八次元波動のエディさんへの質問と答えの橋渡しができる可能性があります。

まずゼロ次元に毎日自分の龍神を連れて行って龍神の波動を浄化します。八次元宇宙へも行きましょう。エディさんとは何も語らずにハグだけしてきます。八次元には龍神に乗っていくので、龍神も八次元波動エネルギーを受けてキラキラ輝き始めます。

自分の龍神が十分に太く大きく美しくなれば、ゼロ次元にいる間に龍神にエディさんへの質問を託します。そのまま いつものように八次元宇宙へ行き、エディさんとはハグするだけで何も言わずに静かに帰ってきます。エディさんへの質問の答えは、龍神がちゃんと聞いて戻ってきてくれます。ゼロ次元に戻ったら、龍神からエディさんの答えを聞けばよいのです。とてもまどろっこしいですが、人間の深い想念を具現化して大変な状況に陥ることを避けるためだと思えば、気持ちを楽にしてやり続けることができます。

いくら龍神に託すからといっても、エディさんへの質問にお願いや詰問を入れてはいけません。龍神は主の分身であり、波動もシンクロしていますから、お願いや詰問を入れると、即座にその深層心理を読み取られて闇の部分を具現化されてしまいます。

龍神に託す質問はシンプルが一番です。もし○○○なら……とか、私の何がいけないのでしょうか？　などの質問もＮＧです。自己卑下は最も危険な想念です。龍神には前向きな質問を心がけます。どうしたらこの病は治りますか？　でもよいのですが、「私はこの病を今ここで克服します。この病を今すぐ手放します。エディさんの応援メッセージをください！」と宣言してしまうと、病が消えた平行次元を具現化してくれるでしょう。後は自分の足でヒョイと平行次元を乗り移るだけです。

八次元宇宙のエディさんからみなさんへのメッセージが届きました。

はじめまして。八次元宇宙のエディです。この宇宙が今のみなさんが認識できる最高波動の究極の宇宙です。もちろんこの先も十三次元宇宙、二十一次元宇宙、三十四次元宇宙……と無限に広がっていきますが、五次元波動体のみなさんがそれらの次元宇宙を知ることは、今はまだできません。龍神を介さなくても私と楽しくお話ができるようになれば、この八次元宇宙の全容が次第に見えてくるでしょう。そのためにはみなさんが今やるべきことをやっていてください。

みなさんには無限の可能性があります。私の八次元宇宙を超えて、さらなる次元宇宙へと大冒険できる可能性が十分にあります。私は早くみなさんと親友になりたいのです。そのためにここ八次元宇宙のポータルをいつも開けたままにしています。みなさんの龍神に命じれば、ここに連れてきてくれます。まず私と会って、この八次元宇宙に慣れてください。ここを訪れた神々や龍神たちと同じように、みなさんの波動エネルギーもキラキラと美しく輝きますよ。

私はみなさんの宇宙のことをすべて知っています。みなさんひとりひとりのこともすべて知っています。私はみなさんの「未来」を知る必要はありません。私が思った通りの「未来」がみなさんの歩む道になりますから。だから私に「未来」を尋ねるのは無意味です。それはみなさんの「今ここ」に秘められた可能性を消し去ることになります。「過去」や「平行次元」を尋ねるのも同じことです。この八次元宇宙を楽しむためには、みなさんの想念にこびりついている「過去」「未来」「平行次元」を捨て去ってください。

みなさんは可能性の宝箱です。その可能性だけを持って、私に会いに来てください。その可能性だけがこの八次元宇宙の波動とシンクロできます。みなさんひとりひとりの可能性がビッグバンを起こすと、十三次元宇宙への道が開きますよ。

私の八次元宇宙はみなさんにとって、終わりではなく始まりの宇宙です。みなさんを三次元宇宙から五次元宇宙へジャンプアップさせた大いなるエネルギー体は、五次元宇宙から八次元宇宙へ、八次元宇宙から十三次元宇宙へのジャンプアップも後押ししてくれています。このフィボナッチ次元宇宙全体が、次元ジャンプを覚醒させるエネルギー体に包まれて振動しています。みなさんがいた三次元宇宙では2018年からの3年間だけが次元ジャンプのチャンスでしたが、みなさんのように五次元宇宙人になってしまえば、次元ジャンプのチャンスはこのまま続きます。すでに六次元世界の神々も七次元世界の龍神たちも私のもとを訪れて、次の十三次元宇宙へのジャンプアップの準備を始めています。みなさんにとっては息つく暇もないように感じるかもしれませんが、せっかくのチャンスです。神々や龍神たちと共にこの大いなる流れに乗ってみるのも一興ですよ。

ほら、みなさんの魂もワクワクしてきたでしょう。ご自分の魂の声に従って先へ進んでいってください。もちろん私も次の十三次元宇宙へジャンプアップするつもりです。向こうでまたお目にかかれると楽しいですね。あなたがジャンプして来るのを待っていますよ。

すべての次元と繋がるハブ空港！〝ゼロ次元〟

七次元の空と無の世界の中心にある大きな渦に飛び込むと、ゼロ次元に行くことができます。ゼロ次元は文字通り、次元という尺度から自由になった世界です。もちろんそこには何もないのですが、ゼロ次元の神さまがおられて、訪ねていくといつも歓迎してくれます。

「ゼロGODでゼロGと呼んでくれ。ここにまで人間の意識体が来られるようになったのか。大したものだな」と喜んでくれて、いつも上機嫌で宇宙のことなら何でも答えてくれますが、地球や地球人のことはゼロ次元にとってあまりに小さすぎて、答えが返ってこないことも多々あります。

このゼロ次元は、すべての次元と繋がっています。ハブ空港のように、このゼロ次元からなら、どの次元へも行くことができます。八次元宇宙へは、このゼロ次元を介して行きます。八次元宇宙のさらに先にある十三次元や二十一次元にも繋がることは可能ですが、さすがにまだそんな超次元波動下で意識を保つことができないために、それら超次元は未開の宇宙のままで置いてあります。

ゼロ次元の特徴のひとつとして、ゼロ次元には想念の現実化パワーはありません。ゼロ次元のゼロGは、すべての次元の全宇宙のことを知っていて、その知恵は超次元の全宇宙アカシックレコードのようでもあり、こちらの波動に合ったレベルの智恵を優しい口調で的確に教えてくれます。

三次元から五次元へジャンプアップする程度ならば、ゼロ次元を介さなくても直接ジャンプしてしまえばよかったのですが、五次元から八次元へジャンプアップして八次元宇宙を訪れるには、まだどうしてもゼロ次元をハブとして介する必要があります。

これまでも冒険心旺盛な五次元宇宙人たちが六次元の神々の世界を足場にして、七次元や八次元宇宙へとジャンプアップしたことがありました。七次元は空と無の世界ですので、ここまでは問題なく訪れることができましたが、七次元と八次元の狭間には強大な時空間の歪みの壁があるようで、すべての冒険者たちが八次元手前の亜空間に囚われて帰ってこられなくなりました。ゼロ次元を介して、そんな八次元に囚われた冒険者を救助しに行くと、八次元宇宙の手前にある強力な次元フィールドの玉の中でクルクルと無限方向に回り続けながら助けを呼んでいる冒険者の姿が見えました。救助は容易でしたが、ハートのトーラスの軸も重力子体の軸も狂ってしまっており、その影響が平行次元を介してこの世の本人にまで及んで宇宙人病となってしまっていたこともありました。この宇宙人病は、何度も空と無の世界で治療を続けることで治すことができました。

ゼロ次元はすべての次元の外にあります。次元は波動でできているので、ゼロ次元世界には波動はありません。ゼロ次元では、すべての波動が無に帰しています。ゼロ次元は想念だけの世界なのです。

神々の乱れもリセット！〝ゼロ・ウォーター〟

このゼロ次元に水があると想念すると、その水はすべての波動を無に帰してしまうゼロ次元の水になります。そのゼロ次元の水は、どんな状況でも永遠に凪《な》いでいます。どんなに強い波動を与えて揺さぶっても、瞬時に波動を無に帰して凪いでしまいます。

いついかなる時も鏡面のような水面を保っているのがゼロ次元の水です。

霊障病や龍神病の原因のひとつに邪念があります。邪念も想念エネルギーですので、時空間を超えて存在できます。昔の邪念がずっと身体の一部の場所に滞って、原因不明の症状を出し続けていることもあります。そんな場合は霊障治療と同じく、その邪念エネルギーを消してしまわないと症状は治りません。

ゼロ次元の水をその症状の場所に想念で設置すると、邪念エネルギーの波動は、ゼロ次元の水に吸い込まれていきます。ゼロ次元の水のパワーは、三次元レベルの邪念波動とは比べものにならない強力なパワーですので、どんなに強く大きな波動でもたちまち無に帰してしまいます。

患者さんは病巣にゼロ次元の水が入った器を想念して、吹き荒れる嵐のような邪念がどんどんゼロ次元の水に吸い込まれて消えていくのを想念するだけで効果が出てきます。波動量子治療は、ガイドと患者さんの想念が一致した時に最大の効果が生まれます。これで治る！　という無邪気なまでの信頼と想念の強さがあれば、三次元の万病も次元病や宇宙人病などの龍神病も治るのです。

このゼロ次元の水を毎日、飲むこともできます。内なる龍神に命じれば、この水を汲んできてくれます。ゼロ次元の水は強力な波動エネルギーの水ですから、わずかでも波動量子的に絶大な効果が得られます。三次元人間はもちろんのこと五次元人間も水でできています。波動エネルギーは想念するだけで効果が出ます。三次元宇宙はあまりに汚れ乱れた波動が充満しているので、高次のゼロ次元の波動水の効果もすぐに邪念に上書きされてしまいます。いくら五次元波動となり身体もクリスタル化が完了しても、三次元宇宙に留まっている限りはゼロ次元水の効果を実感できるまでには時間がかかります。

邪念を送った人物が健在で、今でも邪念を送り続けている場合は、ゼロ次元水の効果が出るまでに日数がかかってしまいますが、根気よくゼロ次元水の治療を続けていけば、必ず邪念を消し去ることができます。溜まった邪念が減ってくると、ゼロ次元水のいかなる波動も無に帰してしまうパワーが邪念を送っている人物へも及びます。悪気がないままに内なる邪念を送ってしまっている人がゼロ次元の無に帰するパワーを浴びると、悪夢を見たり金縛りが起こったりする中で自分の内なる邪念に気づかされて、すぐに邪念を送るのを止めてしまうはずです。もし意図的に邪念を送っていたならば、ゼロ次元の無に帰する波動エネルギーが、その人物の生命エネルギーを無に帰してしまうことでしょう。

ゼロ次元では、すべての波動がリセットされます。五次元人の波動も、六次元の神々の波動も、七次元の龍神たちの波動もリセットされて元々の美しい波動が蘇ります。病があれば、病の波動をリセットしてしまうことで病を手品のように消し去ることもできます。

神々も波動が汚れ乱れた三次元宇宙を長く眺め続けていると、自分の六次元波動に乱れが出てきます。龍神たちも主である五次元人の命令を遂行するために宇宙を駆けめぐり続けていると、波動に乱れが出てきます。そんな時、このゼロ次元を訪れて休養すれば、波動をリセットすることができます。ゼロ次元での波動メンテナンスを繰り返していると、龍神たちの色艶はよくなり、大きさも太く大きくなります。

宇宙最強の波動浄化！〝ゼロ・エアー〟

ゼロ次元を五次元波動の肉体を着て訪れると、ゼロ次元の空気であるゼロ・エアーを吸うことができます。ゼロ・ウォーターと同様に、このゼロ・エアーもすべての波動をゼロにしてくれます。

三次元時代のトラウマや邪念をすべて浄化できたと思っていても、心身の奥深くに神々でさえ見逃していたトラウマや邪念がこびりついていて、これがさまざまなどん底病の根本原因となっていることがあります。特に「愛の病」（後述）の根本原因だったトラウマや邪念は、このゼロ・エアーをゆっくりと吸い込むことで、強力に浄化することができます。肺の中に溜まっていたモヤモヤした波動も一瞬のうちに浄化してくれるので、呼吸や肺の病の方々には如実にその効果を実感していただけます。

ゼロ・エアーには波動がないので、吸うととても軽く感じます。宇宙の愛の波動エネルギーが空気だとすると、ゼロ・エアーはヘリウムのような軽さに感じます。旅行から帰ってきて締め切っていた部屋の窓をすべて開け放した時のような爽快感を味わえます。

愛の病や呼吸と肺の病の方には、まず内なる龍神に乗って「空と無の世界」に行き、究極の安らぎの中で、宇宙の愛の波動エネルギーをゆっくりと吸う呼吸法をしていただきます。すると、まるで風呂釜掃除をした時のように、肺の中にトラウマや邪念が浮かび上がってくるので、そのまま龍神にゼロ次元へと連れて行ってもらい、ゼロ・エアーをゆっくりと吸い込んで、すべての垢《あか》を浄化してしまいます。

ゼロ次元には、多くの神々がゼロ・エアーの波動浄化を楽しみに来ていますので、あなたもゼロ・エアーで波動浄化しながら、神々と楽しくおしゃべりすることもできます。

ゼロ・エアーには、宇宙で最強の波動浄化作用があります。最近では、神々も空と無の世界からゼロ次元へとやって来て、ゼロ・エアーを吸い込んで波動を浄化しています。ゼロ・エアーを吸い込んだ神々が放つ光は、とても眩しく輝いています。

ゼロGは、最初は太陽系の地球のことなど眼中にありませんでしたが、最近は五次元人間が毎日のようにやって来るので、地球人のプライベートな質問にも答えてくれるようになりました。あなたもゼロ次元旅行を繰り返してゼロGと懇意になれば、すべての次元宇宙で最高の智恵者をアドバイザーにできたことになります。

ゼロGに想念の具現化力はありません。ただ最高の智恵があるだけです。ゼロGにあなたの未来を変えることはできませんが、あなたが最高の未来を創るための智恵は、惜しみなく与えてくれます。

あなたの未来を創るのは、あなた自身です。あなたにはもう最高の未来を創り出す想念の具現化力が備わっています。ゼロGの宇宙最高の智恵をあなたなりに上手に活用して、最高の未来を創造してください。

五次元宇宙の宇宙人たちは、もうすでにゼロGと友だちになっています。五次元宇宙の新入りさんのあなたですが、焦る必要はありません。あなたもゼロ次元を訪れてゼロGとハグすれば、すぐにゼロGの友だちの仲間入りができますよ。

あなたが創造した未来は、他の宇宙人たちが創造した未来とは一切干渉しません。あなたは、あなたの宇宙の創造主です。他の宇宙人たちもそれぞれの宇宙の創造主たちです。そして、お互いにとても仲よくやっていけます。五次元宇宙とは、そのような宇宙であり、無数の宇宙を繋いでいるのがゼロ次元なのです。

ゼロGが語る！「一次元宇宙と二次元宇宙」

ゼロ次元のゼロGが一次元宇宙、二次元宇宙を語ってくれました。

フィボナッチ次元宇宙は、このゼロ次元を中心にして、一次元宇宙、二次元宇宙、三次元宇宙、五次元宇宙、八次元宇宙……があります。それぞれの宇宙は独立しています。フィボナッチ次元宇宙は愛と美の波動ベクトルですから、このゼロ次元を中心にして、1、2、3、5、8という焼き印を押したお饅頭《まんじゅう》を、丸く美しくお皿に盛った様子を思い浮かべてもらったらよいでしょう。それぞれの次元宇宙はくっついてはいませんが、波動量子的な行き来はできます。

フィボナッチ数列は、0、1、1、2、3、5、8、と続きます。ゼロは私のゼロ次元です。次に1と1が続きます。素数次元宇宙や整数次元宇宙の一次元はひとつだけですが、フィボナッチ次元宇宙は一次元がふたつあり、それぞれの一次元宇宙が独立しています。ここにフィボナッチ次元宇宙が愛と美の次元宇宙である兆しが見え隠れしています。

このフィボナッチ次元宇宙の最初の一次元宇宙は、女性性で陰の次元宇宙でした。次の一次元宇宙は、男性性で陽の次元宇宙でした。どちらも一次元宇宙ですから、三次元宇宙のように形あるもの……銀河や惑星や生物は現れませんでした。ただ女性性で陰のワンネスの意識体が無限に広がる次元宇宙が最初の一次元宇宙でした。そこにはまだ陰陽がないので、波動になる前段階の無色透明で純真無垢なままの愛と美のエネルギーが広がっているだけの次元宇宙でした。

美は本能的にバランスを取ろうとします。最初の一次元宇宙の誕生と同時に、次の一次元宇宙も生まれました。それは男性性で陽のワンネスの意識体が無限に広がる次元宇宙で、同じように愛と美のエネルギーが広がっているだけでした。ただ愛と美のエネルギーが無限に広がっているだけですから、そこにはまだ時間はありませんでした。

陰は陽を知らず、女性性は男性性を知らないままでしたが、陰陽は自ずと引き寄せあいます。次第にふたつの一次元宇宙は触れあうようになりました。

フィボナッチ数の美は和にあります。1と1は2となり、1と2が3となる和がフィボナッチ次元宇宙の理です。ふたつの一次元宇宙もやがて和して二次元宇宙が生まれました。それは陰陽の次元宇宙であり、女性性と男性性の次元宇宙の誕生でした。

陰陽はエネルギーに波動を生みました。愛と美の波動エネルギーが広がった次元宇宙に、女性性と男性性も広がりました。陰陽の波動が女性性と男性性を波立たせると、そこにさまざまな意識体が生まれました。

二次元宇宙の意識体たちは、まだウトウトと眠ったままのような波動だったので、何かを創造しようとするイメージ力も想念の具現化力も発揮できませんでした。陰陽の波に揺らぐ波動エネルギーが、霞《かすみ》のように淡い銀河を二次元宇宙に作っては消し、作っては消しを繰り返していました。

二次元宇宙は女性性と男性性が和した次元宇宙だったので、次の三次元宇宙に引き継がれる生命意識体の根源は、ここ二次元宇宙に生まれていました。みなさんのフィボナッチ次元宇宙のすべての生命意識体に愛が宿っているのは、そのルーツが女性性と男性性の和した二次元宇宙にあるからなのです。

すべては陰陽の波動から生み出されていますから、生と死の観念は二次元宇宙のどこにもありませんでした。波動の陰陽は無限に続きます。女性性の波動と男性性の波動が同期すれば生命意識体が生まれますが、非同期となれば消えるだけのことで、それは永遠の中の一コマに過ぎませんでした。

やがてフィボナッチ数の美の和が、一次元宇宙と二次元宇宙を和して三次元宇宙を生みました。みなさんがいた三次元宇宙の誕生ですね。

女性性の一次元宇宙と二次元宇宙が和した三次元宇宙には、女性性の波動風がより強く吹いています。男性性の一次元宇宙と二次元宇宙が和した三次元宇宙には、男性性の波動風がより強く吹いています。このように三次元宇宙が誕生した瞬間に、初めての平行次元が生まれたのです。

みなさんの三次元宇宙を振り返ってみると、縄文と呼ばれていた時代は女性性の時代でしたが、それは女性性の波動風がより強く吹いている平行次元に、みなさんの意識が集まっていたということです。その後、2018年までは男性性の波動嵐が吹き荒れている平行次元の方にみなさんの意識が集まっていました。どちらの平行次元も経験してしまったので、2019年以降は五次元宇宙へ戻っていく意識が増えてきました。

五次元宇宙では、女性性と男性性は合一してワンネスの愛になっています。女性性の波動風と男性性の波動風も和合して、とても心地よいそよ風となりました。ふたつの平行次元がひとつになった時、「今ここ」が完成しました。陰陽で対峙してきた平行次元たちもすべて「今ここ」に収束されました。陰陽の代わりに愛と美が自由自在に舞い踊っています。みなさんの意識は、同時にすべての「自分」の「今ここ」を楽しんでいます。もう平行次元でも「もうひとりの自分」でもありません。マルチビジョンで上映中のすべての映画を同時に楽しめている感じをイメージしてみてくださいね。

このフィボナッチ次元宇宙は、女性性と男性性で始まりました。五次元宇宙でふたつは和合されて、愛と美の波動エネルギーの根源となりました。今、みなさんはその愛と美の創造主としての役割を担っています。さぁ大いに愛しあってください。みなさんが愛しあうほどに、このフィボナッチ次元宇宙はキラキラと眩しい輝きを増します。みなさんの次元宇宙が愛と美で満ちあふれるほど、次元宇宙の軸である私のゼロ次元も美しく元気になっていきます。私もみなさんがどんどん愛しあってくれるのを楽しみながら見守っています。

第二章

フィボナッチ次元宇宙の創世記

六次元は神々の世界です。その神々はどこから来たのでしょうか？　どのようにして生まれたのでしょうか？

それはフィボナッチ次元宇宙の誕生と深く関わっています。今、私たち地球人の意識が認識できる次元は八次元までで、その先にさらに波動エネルギーの高い十三次元、二十一次元、三十四次元……もありますが、この本では八次元を最高次元としてお話ししていきます。

私たちが認識できる宇宙の誕生は、八次元から順々に三次元へと波動を落とす形で降りてきました。三次元宇宙の時間軸を使えば、それは一瞬の出来事でしたが、五次元以上の波動軸上で見ると、順々にプロセスを踏みながら各次元宇宙が具現化されていったのがわかります。

八次元宇宙と七次元世界の誕生
〜何もしない八次元意識体！　龍神の住む七次元は空と無の世界！〜

初めに、すべてのエネルギーと智恵と可能性をギュッと凝集した八次元宇宙が誕生しました。エネルギーと智恵があれば、そこには意識体が存在します。八次元の意識体は唯一の存在であり究極のワンネスでした。そこに空もなければ無もありませんでした。大宇宙を無限に創り出せるエネルギーと無限の智恵と無限の可能性を持った八次元意識体は、ただそこに在りました。

もしあなたが無限の可能性を持ったエネルギーを手に入れたら何をしますか？

八次元意識体は何もしませんでした。何もできなかったのです。無限の可能性を手に入れると、究極の無となり何もできなくなります。こうして八次元宇宙に無の世界が誕生しました。

無限の智恵を手に入れると、もう何も考えなくなります。すべての答えを知ってしまうと、知りたい、学びたい、体験したい、というパッションもなくなります。これが空の世界となりました。

やがて空の世界と無の世界が波動的にシンクロして、ひとつの世界を形作りました。無限のエネルギーと智恵と可能性を持っていた八次元宇宙よりも空と無の世界の波動は下がっていたので、ここが七次元世界となりました。

空と無の世界の七次元世界が形成されると、そこに七次元の意識体が現れました。

無の世界は、すべてのエネルギーも波動も無に帰してしまいます。その無の力は、八次元の持つ無限のエネルギーで押し潰して跡形もなく消し去ってしまうパワーを秘めています。この無の世界で消し去ってしまうことのできないモノを創造して無の世界に放り込めば、八次元宇宙ごと崩壊させてしまうこともできるでしょう。

すべてを消し去る力を持った無の世界と共に在ることのできるのは、空の世界だけでした。空と無はよく似た波動を持っていたので、互いに波動をシンクロさせながら共存しているひとつの世界を創りました。これが七次元の空と無の世界になりました。七次元の意識体は、空の意識体と無の意識体が別々にいるのではなく、空と無の世界の意識体として現れるのが常なのは、空と無でひとつの世界になっているからです。

この空と無の世界にも、まだ神々は現れていません。空と無の世界の意識体も八次元の無限の智恵と可能性の波動をそのまま内在してはいましたが、八次元同様に何かを考えたり、しようとするパッションはありませんでした。ただ空であり無であればよかったのです。この空と無の世界に行けば、誰でも、どんな意識体でも究極の安らぎを得られるのは、この世界の波動が空であり無である極めて純粋な波動だからです。

六次元の神々は、この空と無の世界を「宇宙で最も安らげる場」だと言います。六次元世界にいる限り神々が疲れることはありませんが、五次元宇宙に降りていったり、三次元宇宙を覗いていると、やはり波動の乱れや低下が起こってしまいます。そんな時、神々は、この空と無の世界へ行って、深く安らぎながら乱れた波動を浄化すると共に、八次元の無限エネルギーを浴びて最大最高の波動エネルギー体となって蘇るのです。

五次元宇宙の人たちも、龍神や神々に導かれてこの空と無の世界へとやって来ては、心身魂を浄化蘇生しながら究極の安らぎを楽しんでいます。肉体はこの地球上に置いたままでも、意識体となれば空と無の世界に入ることは誰でもできます。意識はすぐに空の世界にとろけて眠ってしまいますが、意識体を介して地球上に残してきた肉体は、七次元由来の波動エネルギーを浴びて浄化蘇生されます。

この際、大活躍するのがソマチッドです。ソマチッドは高次の波動エネルギーを吸収して生命エネルギーに変換してくれます。空と無の世界へ意識を飛ばしている人に触れたり側にいるだけで、その人からあふれ出てきた生命エネルギーを分け与えてもらうこともできます。波動のシンクロ率が高い人同士なら、ソマチッドが吸収している波動エネルギーをそのまま受け渡しすることもできます。

五次元宇宙には病はありません。それはこのように絶えず誰かが空と無の世界へ意識体を飛ばして、無限の波動エネルギーを五次元宇宙へ拡散してくれているので、五次元宇宙全体に浄化と蘇生のエネルギーが広がっているからなのです。

空と無の世界は、龍神たちの住み家です。

空と無の世界に入って天空を見上げれば、龍神たちがとても気持ちよさそうに悠々と泳いでいるのが見えます。三次元人も五次元人も誰もが内なる龍神を1匹持って生まれてきます。内なる龍神が目覚めると、中脈・クンダリーニから五次元宇宙、六次元世界を通って、この空と無の世界へと行き来を始めます。あなたが空と無の世界へ行く時には、あなたの龍神がちゃんとガイドして連れて行ってくれます。空と無の世界から帰ってくる時も、龍神がガイドしながらこの世へ送り届けてくれます。

空と無の世界に住む龍神たちの中には、龍神の長《おさ》もいます。仙人のような貫禄と威厳がありますが、とても気さくに話しかけてくれます。龍神は神さまではありません。地球人や宇宙人ひとりひとりが持つペットのような従者です。元は七次元波動のエネルギー体ですので、そのパフォーマンスは五次元人とは比べものにならないほど高い能力を持っていますが、決して主である五次元人をないがしろにしたり裏切ったりすることはありません。敬意と感謝を持ってつきあっている限り、宇宙で最高のガイドとなってくれます（拙著『龍神覚醒術』参照）。

龍神は元の七次元波動パワーを落とすことなく、五次元人のところへ降りてきてくれます。五次元人の中でも波動の高い人なら実際に龍神を見ることができますが、多くの五次元人たちは意識体の中で龍神を感じ取っています。それは神々の存在を感じ取るのと同じことなので、五次元人の多くは、神々も龍神も同じ波動の存在のように思っています。

七次元の波動エネルギー体である龍神ですから、五次元人の中に長期間いてもエネルギー不足になってしまうことはありません。五次元宇宙は愛のエネルギーで満ちあふれていますが、龍神はこの愛のエネルギーが大好物です。龍神の主が愛し愛されしつつ愛のエネルギーを高めると、内なる龍神も元気になり、活発に中脈・クンダリーニを泳ぎ回ります。愛を龍神に与え続けていると、龍神は大きく美しく成長していきます。

七次元波動エネルギー体の龍神にとって、五次元人の想念の具現化をアシストすることはとても容易なことです。主が必要としているモノなら、宇宙中を駆けめぐって探し出してきてくれます。五次元宇宙になくても、神々の六次元世界に探しに行ったり、七次元の空と無の世界の圧倒的な想念の具現化パワーを使って新たに創り出して持ち帰ってくれることもあります。八次元波動の影響を色濃く受けている七次元世界ですから、龍神が七次元世界に戻った瞬間に、その想念を全知全能の八次元に瞬時に先読みされて、龍神の目の前に求めていたモノが現れています。龍神はそれを主のところへと持ち帰るだけでミッションは終了します。

七次元波動エネルギー体の龍神を八次元に連れて行くと、龍神はキラキラと輝きながら元気いっぱいの姿になります。八次元に行くたびに、そのキラキラは増していきますが、龍神にとってそれはとても心地よいことのようで、時には仲間の龍神たちとキラキラ度コンテストを開いて上機嫌に楽しんでいる姿が見えます。

龍神は、五次元人にとっては使徒です。決して神ではありません。波動が高いからといって、決して神になることはないのです。ここにフィボナッチ次元宇宙の面白さがあります。

神とは何か？　のとらえ方によっては、七次元の龍神も神と呼んでも構いませんが、当の龍神たちは神と呼ばれようとペットと呼ばれようと全く気にする素振りは見せません。そんな定義よりも、八次元の波動を浴びて、もっとキラキラになることの方が気になっているようです。

六次元世界と五次元宇宙の誕生　～神々の世界と神に祈る世界～

七次元の空と無の世界の後に、六次元の神々の世界が現れました。

八次元の無限の波動エネルギーと無限の智恵と無限の可能性がようやく緩んできた世界です。そこは無限ではなくなりましたが、最高の波動エネルギーと智恵と可能性が広がった世界です。

六次元の世界が現れた当初は、六次元世界をつかさどるワンネスの神がひとりいるだけでした。そのワンネスの神は、八次元から六次元に波動が緩んだ分だけ神としての意識体の波動も緩んでいますが、五次元宇宙から見れば、十分に全知全能のワンネスな意識体です。八次元ほどでないにしても想念の具現化パワーも強大で、あらゆる想念を具現化できます。八次元の意識体のように内に秘めた潜在意識を先読みすることもないので、六次元の全知全能の意識体には、直接質問を投げかけても安全です。六次元の意識体とシンクロして、想念を介して対話することもできます。

六次元のワンネスな意識体は、最初はひとりでした。宇宙も何もない空間が広がっているだけで、空と無の世界のままのようでもありましたが、波動は確かに七次元よりも低い六次元波動をしていて、龍神たちが泳いでいないことで見分けることができました。そんな静かな状況は、次の五次元宇宙が現れるまで続きました。

五次元宇宙が現れると、宇宙には無数の星々や銀河が現れました。すぐに宇宙人たちで五次元宇宙は賑わい始めました。地球人もそんな宇宙人たちの一員でした。五次元宇宙に現れた無数の意識体は、六次元のワンネスな意識体にとっては観察者になってくれました。さまざまな意識で六次元のワンネスを見てくれて、やがてたくさんの想念の具現化を願ってくれるようにもなりました。こうやって、神としての一面が五次元人たちによって創られたのでした。

ひとつの想念がひとつの神になりました。六次元のワンネスな意識体は、ワンネスでありながら無数の神々としての顔も持ち始めました。瞬く間にワンネスの神は八百《やお》万《よろず》の神となりましたが、その本質はワンネスの意識体のままでした。

八百万の神々になっても、六次元のワンネスな意識体の波動も想念の具現化パワーも変わりませんでした。五次元の宇宙人たちの想念を具現化するたびに、五次元宇宙は拡大を続けました。宇宙は無限大です。宇宙の銀河にも星々にも意識体が宿っています。その意識体たちも神々となりました。星に草木や山川や海があれば、それらの集合意識体も神々となりました。星に生命が誕生すれば、その生命の集合意識体も神となりました。どんなに神が増えても、六次元世界は悠々と構えながら、無数の神々の安住の地であり続けました。

五次元の宇宙人たちが、想念の具現化を六次元の神々に委ねれば委ねるほど、五次元宇宙と六次元の神々の世界の隔たりは小さくなっていき、やがて五次元宇宙と六次元世界は重なって隔たりは消えてしまいました。

神々は六次元世界に住んではいますが、いつも五次元宇宙で人々と日々の暮らしを楽しんでいるのが普通になりました。五次元人の波動が神々の波動に慣れてシンクロしやすくなると、五次元人たちは普通に神々が見えるようになりました。神々とおしゃべりをしながら日々の営みをしているので、神々の智恵やちょっとした具現化パワーを借りることもよくあることでした。

五次元宇宙の住人も、六次元の神々の世界を自由に訪れるようになりました。五次元人が神々の世界に入ると、波動が六次元化していき心身魂がとても活性化されます。神々の世界へ行ってきた五次元人は、帰ってきてからもキラキラした波動を放っているので一目瞭然です。

普段は神々の方から五次元宇宙へと降りてきてくれているので、神々とおしゃべりをして楽しむ分には、六次元世界へと昇っていく必要はありませんが、特に重要な相談や次元を超越した智恵が必要な時には六次元に行き、その相談事や智恵に詳しい神さまと納得いくまで対話するようにしています。最重要な相談事がある場合は、六次元のワンネスな意識体と対話することもありますが、そのように波動の違いが大きい場合は、五次元人は自分の龍神を呼び出してエスコートを命じます。龍神がそばにいれば、波動の差が招く眠気や動揺感を防ぐことができるからです。

神々と共に暮らす五次元人たちの想念の具現化パワーは、六次元の具現化パワーには劣りますが、それでも「願えばすぐに叶う」レベルのとても強い具現化力を持っていました。ピラミッドを作ったり、磐座を空に飛ばすことなど誰でも簡単にできました。

五次元宇宙には、さまざまな宇宙人たちも共に暮らしていましたので、会話はテレパシーが主体でした。神々とのおしゃべりは直感でわかる感覚でしたが、宇宙人との会話は幻聴のように声が聞こえる感覚でした。草木や動物たち、山や海、空や雨と話を楽しむ時は、テレパシーのことも幻聴のような声のこともありましたが、五次元人たちは全くそのことは気にしていませんでした。

六次元の神々の世界は言うまでもありませんが、五次元宇宙にも「死」はありませんでした。それは古くなった肉体を脱ぐだけの出来事で、脱いでしまっても、五次元人の姿はいつものように見えていたので誰も何とも思いませんでした。五次元人の肉体は、食毒や薬毒などの毒に全く冒されていません。肉体も本来の高い波動を持っているので、脱がなければ（死ななければ）５００歳以上も平気で生き続けるのが普通でした。神々の世界へ行き、六次元の高い波動でリフレッシュを繰り返していれば、歳を取ることもありませんでした。その気になれば、若返ることも簡単にできました。

神々は七次元の空と無の世界が大のお気に入りです。宇宙で最高の癒しの場である空と無の世界へは、五次元人も龍神にエスコートを命じるか神々に連れて行ってもらえば、誰でも行くことができます。空と無の世界を五次元人がたびたび訪れていると、身体の波動が五次元―六次元―七次元と多次元に幅広く変容できるようになります。こんな姿になりたい、と思うだけで、姿形を思いのままに変えることができます。人間の姿をしている五次元ヒトがフッとイメージするだけで、全ポケモン800種類以上に瞬時に姿を変えることができるのです。もちろん神々の姿にもなれますし、透明になることも朝飯前でした。あまりに姿を変えすぎて元の姿を忘れてしまい、まわりの五次元友人たちに大笑いされたカメレオン君もいました。

五次元宇宙旅行　～宇宙船にパイロットは要らない！～

五次元人は宇宙旅行が大好きです。多くの宇宙人の友人がいるので「地球も飽きたので、そろそろ別の星へ行きましょう」と誘われることも多いですし、神々から未知なる銀河の話を聞いてワクワクが止まらなくなり、急いで宇宙旅行へと旅立つこともよくありました。

宇宙旅行には肉体は不要です。いくら五次元波動の身体だと言っても、物質化した身体を運ぶにはどうしても宇宙船が必要になります。六次元の神々の智恵と想念の具現化力で創った宇宙船ですから光よりもずっと速く宇宙空間を飛ぶことができましたが、肉体を脱ぎ捨てて意識体だけになった方が、想念の具現化パワーで瞬時に目的の星に着くことができます。まるでローカル線の旅のように、宇宙船を使ってのんびりと宇宙旅行する五次元人もいますが、その際も肉体を脱いで意識体だけになった方がより宇宙旅行を楽しめるようです。脱いだ肉体を温存しておきたければ、何百年経っても何の変化もないように温存できる技術も五次元宇宙にはありました。この温存技術は宇宙船にも備わっていたので、宇宙船に乗った時に肉体を脱いで意識体となり、肉体があった方が面白そうな星を見つけたら、肉体を着て降りていくのが、この宇宙のローカル旅行の楽しみ方のひとつでもありました。

宇宙船にパイロットは不要です。操縦は想念だけで行います。想念の具現化で創られた宇宙船ですから固有の想念の波動があります。宇宙船も意識体なのです。宇宙船の意識とシンクロすれば、五次元人ひとりだけでも簡単に操縦できます。エネルギーは八次元から豊富に降り注いできているのでエネルギー不足になることはありません。八次元の外へと（外があれば……の話ですが）飛び出さない限り、エネルギーは五次元宇宙のどこにでもあるのでした。どんなに遠い宇宙でも、意識体の想念のテレポーテーションなら瞬時に、宇宙船を使っても数ヶ月以内には到達できるので、五次元人たちはとても気軽に宇宙旅行を楽しんでいます。

四次元世界と三次元宇宙の誕生
～黄泉の国と私たちの地上は重なっていた！～

やがて五次元宇宙の下に四次元と三次元の世界が現れました。六次元の神々の世界と五次元の世界が重なりあって境目がなくなってしまったように、四次元と三次元の世界は最初から重なりあって具現化されました。

四次元世界は黄泉の国となり、三次元宇宙は肉体を着て、こころという重りをぶら下げて降りていく世界になりました。四次元の黄泉の世界がシュノーケリングを楽しめる海辺で、三次元宇宙はウエットスーツに酸素ボンベを担いで潜って楽しむダイビング・スポットのようなものです。酸素がなくなればダイビングは終了しますが、それと同じ感覚で三次元宇宙に「死」が現れました。

最初に三次元宇宙に降りたのは、ワクワク大冒険好きな五次元人たちでした。もちろんさまざまな星から噂《うわさ》を聞きつけてやって来た宇宙人たちも一緒です。みんな五次元波動の意識のままで降りてきたので、三次元宇宙は五次元宇宙同様に平和で愛と美に満ちた世界でした。

地球も天地自然も三次元波動になっていたので、時には五次元宇宙にはなかったさまざまな天災が襲いかかってきました。星も人も生きとし生けるものすべてが三次元波動だったので、生老病死のサイクルが三次元宇宙のスタンダードになりました。死が当たり前になっても、まだこの頃の人たちは、死を忌み嫌ったり恐れたりはしていませんでした。この当初の頃が縄文時代です。

縄文時代とそれに続く争奪呪縛の時代は、何度も繰り返して現れました。どのサイクルでも争奪呪縛の時代になると、死は恐ろしいものとして忌み嫌われました。死が嫌われると、四次元の黄泉の世界との狭間が広がります。死の狭間には霊界が現れます。怨霊や怨念が霊界を真っ暗な闇夜にしてしまうと、三次元宇宙から四次元の黄泉の世界は見えなくなってしまいました。

六次元の神々は、五次元宇宙では普通に暮らせましたが、四次元世界へ波動を下げて降りていくと、六次元波動に乱れが生じてしまうことが多く、黄泉の国に長期間降りることははばかられました。五次元宇宙から素潜りする要領でちょっと四次元世界に潜るだけなら問題はなかったので、六次元波動の神々はどうしても必要な時だけ黄泉の世界へ降りていくようになりました。

しかし、三次元宇宙で死んで肉体を離れて黄泉の世界へと昇ってきた意識体たちの波動を癒して、五次元宇宙へと誰かが導かなければなりません。そこで六次元の神々と特に懇意にしている五次元人たちが、神々からそのミッションを頼まれるようになりました。

五次元人は、身体とこころを背負えば三次元宇宙で暮らせます。四次元世界に降りていくのも容易なことでした。六次元の神々のように波動の乱れを心配する必要もありません。ちょっとした神さま気分で黄泉の国へ降りていき、三次元宇宙から帰ってきた意識体たちを浄化蘇生して五次元宇宙へと連れ帰ってくる五次元人たちも現れました。

五次元宇宙の人間たちも宇宙人たちも、五次元波動の愛と感謝と喜びと幸せに満ちています。ですから傷つき疲れ果てた三次元の意識体たちをだましたり支配しようなどとはしませんでした。まるで神の化身のように黄泉の国で三次元の意識体たちを出迎え、五次元宇宙へと連れて上がりました。時には三次元宇宙にまで降りていって、苦悩する意識体たちを救うこともありました。三次元宇宙の人たちにとって、五次元波動の人は、眩しく輝く神のように見えます。六次元の神々の世界を毎日訪れて神々と対話している五次元人なら、三次元の人たちに神々と同じメッセージを伝えたり、奇跡を起こしたりすることも容易でした。三次元人にとって、五次元波動の想念の具現化パワーは神の業に見えました。

「三次元地球人」の誕生　〜忘却薬を飲んで〜

三次元の地球人はどうやって誕生したのでしょうか？

元々はすべて宇宙人だったのでしょうか？

三次元人は、五次元人だった時のことを忘れています。五次元人の想念の具現化パワーと知恵を持ったままで三次元宇宙に降りると「神」となってしまい、三次元宇宙を生きる楽しみがなくなってしまうからです。ギリシャ神話では、黄泉の国に流れるレーテー川の水を飲むと完璧な忘却を得られると言われてきました。五次元人も三次元宇宙へ降りる際に、四次元の黄泉の世界でレーテーの水という忘却薬を飲んだ記憶が神話に残されたのでしょう。

五次元人が三次元宇宙へ降りる際には、「今回はこれを楽しむぞ！」というテーマを決めてきます。ディズニーランドに行く朝、これだけは絶対に外せないアトラクションを決めるようなものです。それが今生のメインテーマになります。三次元人にとって、それは学びであり、学ぶために艱難辛苦や波瀾万丈《はらんばんじょう》の人生を計画します。三次元人の人生を計画しているのは自分自身であり、神々や高次の意識体たちが関与してくることはありません。三次元人にとって、五次元の自分が本当の自分であり、三次元宇宙ではそれを魂と呼びました。

魂とは、五次元波動の自分です。五次元の自分は、三次元宇宙から学ぶことは何もありません。五次元人にとって、三次元人の人生は、不自由な三次元波動の身体とこころを着て、艱難辛苦に嘆き苦しみながら何かを学んだり気づいたりするプロセスを楽しむためのアトラクションでした。それは波瀾万丈で喜怒哀楽が大きくうねるほど楽しめました。スリルいっぱいのアトラクションばかりではマンネリ気味になるので、時には平々凡々な人生でのんびりしたり、愛でいっぱいの人生で癒されたりもしました。

三次元宇宙で生きていると、次々と人生の節目に出くわします。波瀾万丈な人生ほど、大きな決断を迫られる節目が多くなります。その節目ごとに平行次元が生まれます。右か左か？　で右に進むと、左へ進んだ平行次元が生まれるのです。

平行次元には、もうひとりの自分が生きています。この平行次元の自分にも五次元波動の同じ魂が宿っていますが、その後の人生展開で身体とこころにさまざまな変化が起こります。病気になったり、愛や生きがいを見失ったり、だまされたり、捨てられたり、いじめられたりすることもあれば、仕事が大成功したり、政治家になって権力を得たりすることもありました。ひとつの人生から百、千、万の平行次元が生まれることもよくありました。そのすべての人生に、もうひとりの自分が生きています。

平行次元から生まれた自分は、三次元生まれの三次元育ちです。レーテーの水を飲んだ後で生まれたので、五次元人だった記憶も完全に忘れています。魂という五次元波動の自分意識は、平行次元の自分にもちゃんと残っていますので、五次元人の能力と知恵は内在していますが、そんな能力を持っていることも、その使い方もすべて忘却のかなたに封印されています。

そんな三次元生まれの平行次元の自分たちが、地球生まれの地球人となりました。五次元の自分のルーツは、どこかの宇宙のどこかの星から五次元地球へやって来た宇宙人ですから、三次元地球人の魂の中のどこかにも、その宇宙人が持っていた能力と知恵が内在されていますが、三次元地球人は完璧に忘れてしまっています。すべては三次元宇宙を思いっきり楽しむため！　だったのです。

ある人生から派出した平行次元の自分たちに、その人生で出会うことはありません。人生の波動があまりに似ているので、出会ってしまうと波動が干渉してもつれてしまい、両者の人生が激変したり対消滅してしまうこともあります。

この世には自分とそっくりな人が3人いる、という都市伝説がありますが、人口が増えすぎたこの世では確かに3人くらいはいるかもしれません。ただ波動が似すぎているので、近づいてくると互いの波動の干渉が時空間のわずかな乱れを生じさせて、数秒数分の違いで出会いを邪魔する可能性があります。すれ違っても自分と同じ波動の痕跡はその場に残っているので、何かのデジャブを感じたり見つめられている感じがしたりすることもあるでしょう。ただ、もしもうひとりの自分に出会っても、この世の時間が止まってしまったり、世界が崩壊したりすることはありませんのでご心配なく。

地球人のルーツは宇宙人　～神さまの誕生と死と数多の平行次元～

地球人のルーツは宇宙人にありました。最初の地球人の「自分」は、五次元宇宙から降りてきた宇宙人でした。その後、この世に転生するたびに、多くの平行次元の「自分」たちを生み出してきて、三次元地球生まれの三次元地球人たちになりました。

そんな人たちにとって、さまざまな奇跡を見せてくれる五次元波動の人は、神さまのように見えました。六次元波動の神々が三次元宇宙へ降りてくることはありませんでしたが、神々から委託された五次元人たちが神々のメッセージを神託として三次元宇宙に伝えたり、三次元人たちの願いを五次元波動の想念の具現化パワーを用いて叶えたりしていました。三次元人たちには亡くなった人の姿が見えないことを利用して、亡くなった人の姿を借りて大切なメッセージや知恵を三次元宇宙に伝えたこともありました。やがて六次元の神々からのメッセンジャー役だった五次元人たちが、三次元宇宙で神さまとして崇められるようになりました。こうして、この世の神さまが誕生しました。

三次元宇宙は最初の頃は、天地自然と調和して生きる縄文文明でしたが、三次元宇宙をもっと楽しみたい五次元人たちは、そこに我欲とエゴと煩悩という毒を撒きました。平行次元生まれの三次元人たちは、いとも簡単にその毒に冒されました。平和な縄文時代は瞬く間に終わりを告げ、争いと暴力、略奪と欺瞞《ぎまん》、支配と強要がはびこるこの世が現れました。神々も我欲を成就させる道具として利用されるだけになり、神々からのメッセージに、もう誰も耳を傾けなくなりました。神は死んだ、と言われました。

五次元宇宙から三次元宇宙を楽しむために降りてきた人たちは、三次元宇宙での肉体の死を迎えると、四次元の黄泉の国に戻り、そこで忘却してした記憶を取り戻して五次元宇宙へと帰っていきます。その人生で生み出した数多の平行次元の自分の人生を、四次元や五次元の世界から見下ろして「あれも面白そう！」と思うと、その平行次元の自分を体験するために、その平行次元が生まれた節目に降りていき、そこからその人生を生きてみることもしばしば起こります。

特に２０１８年～２０２０年の３年間は特別でした。この間で、もうひとりの自分の人生を何度も繰り返す輪廻にはまってしまう「自分」が急増しました。そんな「自分」は次こそ絶対に目覚めるぞ！　と強い想念を持って２０１８年に輪廻してくると、この３年間に何となくこころの奥でソワソワした焦燥感《しょうそうかん》やスピリチュアルな本にデジャブ感を覚えたりすることがありました。

もし今でも人生の大きな節目を感じたら、静かに瞑想して内なる自分の声を聞きましょう。そこでは、これまで同じ節目で何かを決断して、その先へ進んでいった平行次元のもうひとりの自分からの声も聞こえてきます。そっちに行ってはダメだ！　という注意の声も、そこを乗り越えろ！　という励ましの声もあります。今がどんなにどん底でも、数多の平行次元の自分たちの中で、今の自分が最高最良な人生を歩んでいることは確かです。

２０２１年になった今、五次元波動になった地球と五次元人たちは、古い三次元地球から離れていっています。三次元地球も浄化・蘇生の準備を本格的に始めました。

もちろん地球上で生き残る生物は皆無となる大浄化ですので、三次元人たちもすべて死にます。死んでも我欲とエゴと煩悩にしがみついている間は、黄泉の世界へ昇ってくることはできずに、霊界という次元の狭間をさまようことになります。五次元宇宙人の血が濃いほど、死ぬと五次元の智恵を早く思い出して、黄泉の世界から五次元宇宙へと戻ってこられます。三次元の平行次元生まれの人たちは、死を迎えても「どこに行けばよいの？」な状況に陥りやすくなりますが、五次元宇宙へ戻った自分の意識体がスッと降りてきて、黄泉の世界や五次元宇宙へと連れ戻ってくれます。三次元地球の蘇生が終わる頃には古い三次元人たちの救済も終わり、新しい三次元地球は、新しい三次元の平行次元の中で新たな地球人育成プロセスを始めます。

このように、地球人のルーツはさまざまな宇宙人たちにあります。三次元地球で不自由な肉体とこころを背負って、我欲とエゴと煩悩を目いっぱい体験したい、と降りてきた五次元宇宙人たちが人類のルーツです。三次元宇宙は、数多の平行次元を生み出します。三次元の平行次元生まれの人たちがミレニアムを迎えたこの世を埋め尽くしていました。平行次元生まれの人にも、元の五次元宇宙人の血が流れています。あなたのルーツは宇宙人ですか？　三次元のコピペですか？　という問いは、全く無意味なことがおわかりいただけたでしょう。

五次元宇宙人たちには「差別」という感覚がわかりません。差別は三次元宇宙にしかない無意味な感覚だからです。差別はネガティブな感情や想念の宝庫ですから、五次元宇宙人の中には、差別を味わいたくて三次元宇宙へ降りてきた人もいました。

差別は我欲とエゴと煩悩との相性が抜群によいので、三次元宇宙を瞬く間に席巻してしまうと同時に、差別に苦悩する平行次元人たちを大量に生んでしまいました。貧困と飢餓《きが》に苦しみ死んでいく子供たちの多くは平行次元人でした。平行次元人にはルーツとなった三次元人がいますが、貧困と飢餓をこの世にもたらしている張本人であることが往々にしてありました。セレブと貧困、飽食と飢餓というヒエラルキーの頂点に立つと、そのヒエラルキーのすべて、特に底辺部の苦悩の想念波動を堪能できます。

五次元宇宙人が悪いのではありません。どの次元の宇宙も、それを悪いことだとはジャッジしません。まるで水槽の中のグッピーたちのケンカ騒動を見ているだけのように、三次元宇宙を眺めているだけです。

しょせん三次元宇宙とはそんなもので、そこに宇宙意識や神意識が関与しているというのは、三次元的な発想でしかありません。三次元宇宙は天地自然の理で流転していますが、神々は不干渉です。三次元人たちが神の業だと思っている奇跡や神言は、もうひとりの自分たちからの救済やメッセージであることがほとんどだったのです。

それでも三次元人たちは、神々へ祈りを捧げます。祈りは想念波動です。我欲とエゴと煩悩にまみれた祈りは、四次元の黄泉の世界にさえ届きません。どんなに強力な祈りでも、せいぜい霊界までしか届かないでしょう。我欲とエゴと煩悩は霊界の邪鬼たちの大好物ですから、霊界から次々とこの世へ魔物邪鬼たちが降りてきては邪念を具現化してくれます。

どの宗教でも、教祖は黄泉の世界や五次元宇宙と想念で結ばれ、その愛と美の智恵をこの世に持ち帰ってきています。そしてどの宗教の愛と美の智恵も、後継者や運営者の我欲とエゴと煩悩に封印され、都合のよいように書き換えられてきました。それが三次元宇宙の神でした。

人々は生まれながらに神と教義を教え込まれて、神々と直接繋がることを厳禁されました。既存の神が絶対神であり、ただ平和と安らぎの到来を祈ることだけが許されました。ヒエラルキーの底辺の人たちは我欲やエゴや煩悩の成就を祈ることも禁じられました。その祈りは叶う可能性があり、それはヒエラルキーに混沌をもたらすためでした。三次元宇宙での祈りは形骸化され、想念の具現化から遠ざけられました。

三次元宇宙でも内なる自分に向かって祈れば、奇跡は具現化しやすくなります。内なる自分に神の姿を見ればよいだけの簡単な瞑想なのですが、これも見事に宗教に禁じられました。人間は神を見てはならぬ、神と話してはならぬ、聖職者しか神を語ってはならぬ、と洗脳されました。内なる神を封印された人間は、ヒエラルキーの底辺を支える家畜奴隷となり、いつしか祈りさえ忘れてしまいました。三次元人の祈りが長い間、神々に通じなかったのは仕方ないことだったのです。

生み出された平行次元の自分

三次元地球人は、時間というベクトルに強く縛られていたので、人生の中で節目が次々に訪れました。その都度、平行次元のもうひとりの自分が生まれました。四次元の黄泉の世界には、時間ベクトルはありません。一方向へ時間が流れるという感覚はなくなっています。もちろん五次元宇宙にも時間ベクトルはありません。黄泉の世界では時間は止まっている感覚ですが、五次元宇宙ではもう時間自体がありません。

２０１８年に三次元地球でも、過去も未来も平行次元もすべて「今ここ」に収束してしまったので、五次元波動へ容易にジャンプアップできるようになりました。２０１８年からの３年間は時間も「今ここ」に収束していましたが、２０２１年以降は、三次元波動のままの人たちの過去と未来と平行次元は分離して、時間は動き始めます。五次元宇宙はそのまま「今ここ」しかありませんので、五次元人たちは時間ベクトルから自由になり、やがて時間を忘れてしまうでしょう。

五次元宇宙には一方向へ流れる時間はありませんが、「今ここ」の平行次元が集合意識体のように集積した緩やかな多次元な流れがあります。その流れは、自分意識の想念によって絶えず方向が変化していますが、誰の流れも大海へ注ぐ小川のように六次元の神々の世界へ向かって流れています。

五次元人は、もう三次元人のように時間に呪縛されることはありませんが、氷河のように「今ここ」に収束した平行次元の「自分」から自由になることが、五次元宇宙でのミッションになります。自分から自由になるミッションを、三次元宇宙の覚者たちは自我の解放だととらえて難行苦行の祈りに没頭しましたが、それでは時間の呪縛を解くことはできても、「今ここ」の自分を解き放つまでには至りませんでした。祈りが足りなかったのではありません。愛と感謝と喜びと幸せが足りなかったのでもありません。とことん楽しめなかったからです。

五次元人は六次元の神々の世界を楽しみに行きます。神々も五次元宇宙を楽しみに降りてきます。五次元人は天地自然を楽しんでいます。天地自然に宿るものすべてに、愛と感謝と喜びと幸せの波動を捧げています。神々へも喜びと感謝と幸せの想念波動を送りながら、神々と天地自然を共に楽しみます。

楽しみは、ワクワクな波動を生みます。これが五次元人の祈りの波動となり、神々へ伝わります。神々もワクワクして、楽しみがどんどん具現化していきます。五次元人は元々、地球で暮らしていくには十二分な強さの想念を具現化するパワーを持っていますから、神々に何かを頼む意味での祈りを捧げることはありません。「神さま、これを一緒に楽しみましょう！」という誘いが祈りに近いものになります。

ゼロ次元の誕生　～『あなた』が生んだ！～

ゼロ次元は八次元～一次元の外にあり、各次元と繋がるハブ空港のような役目をしています。ゼロ次元に行けば、どの次元にでも行くことができます。

ゼロ次元には、宇宙も銀河も何もありません。神々も宇宙人も誰もいません。空と無の世界のような波動空間もありません。空でも無でも波動や想念でもない、何もない世界がゼロ次元です。

この世の数字のゼロは、4000年以上前のシュメール人が数字と数字の間のプレースホルダーとして使ったのが最初だという説があります。プレースホルダーのゼロとは、305のように3と5の間に何もない空間があることを示すための記号のことです。八次元～三次元との関わりを見る場合に、805、803、503と表すのが各次元の関係性を最も的確に表現できます。

ゼロ次元は、すべての次元と直接繋がっています。三次元波動の人でもゼロ次元に行くことができれば、八次元宇宙へ行くことも可能です（実際には、三次元宇宙の乱れ汚れた波動では、八次元宇宙で意識を保っていることは不可能です）。

ゼロ次元には波動エネルギーもありません。ゼロ次元で波動エネルギーをチャージすることはできませんが、逆にエネルギーをロスすることもありません。六次元で暮らす神々は、七次元の空と無の世界が宇宙で最も癒される場だと言い、ここでのんびりと安らいでいる神々の姿もよく見かけます。その神々もゼロ次元を八次元宇宙への中継点として利用していますが、ゼロ次元の感想は「何もないところ」だけです。

ゼロ次元の誕生ですか？　それは全宇宙の誕生の根源を尋ねるようなものですね。宇宙のビッグバンはなぜ起きたのか？　宇宙の創造主は誰なのか？　を尋ねるようなものですが、お答えしましょう。色即是空　空即是色　がわかりますか？　空と無の世界を一度でも訪れた者なら、あの広大無縁な空を見上げ、揺蕩《たゆた》う無に浮かぶ安堵《あんど》感は忘れられないでしょう。あの無の世界の中心の大きな渦に飛び込めば、このゼロ次元にやって来られます。そうです、あの無の世界の向こう側にゼロ次元があります。

ですから、このゼロ次元は、空でも無でもありません。ゼロが無ではないことがわかれば、ゼロが有であり在であることもわかりますね。そうです、あなたという意識が「今ここ」に在り、その「今ここ」が有るためには、このゼロ次元が必要なのです。

宇宙の創造主は誰でしょうか？　神ですか？　その神の創造主は誰でしょうか？宇宙人さんたちも、神様たちも、龍神たちも、それが誰なのかを知っていますよ。地球さんも森羅万象たちも知っています。それは、すべての創造主は誰？　と気づいた『あなた』です。空と無の世界に浮かんでいた『あなた』がフッと無に飛び込んでみたくなった。なぜ？　はありません。ただフッと飛び込んだのです。足を滑らしたのではなく、頭から飛び込んだのです。なぜ？　それが『あなた』だからです。

飛び込んだ『あなた』は無に渦を作りました。瞬時にゼロ次元が生まれました。同時にすべての次元宇宙が生まれました。まるで祝砲のように各次元宇宙にビッグバンが花咲きました。

『あなた』の数だけ宇宙があります。美しく飛び込んだ『あなた』はフィボナッチ次元宇宙を生みました。キッチリと飛び込んだ『あなた』は整数の次元宇宙を生みました。唯我独尊ぽく飛び込んだ『あなた』は素数の次元宇宙を生みました。どの『あなた』の次元宇宙にもゼロ次元があります。そして、私ゼロGが今『あなた』と同じ話をしています。

五次元人が初めてゼロ次元へ行く際には、まず自分の龍神に乗って空と無の世界に行きます。自分の龍神がまだパワー不足ならば、アシスト役専門の漆黒の龍神が一緒にガイドしてくれます。「ゼロ次元へ行きます」と想念しながら、空と無の世界の中心にある大きな渦に龍神と共に飛び込みます。渦の先端を出ると、そこはゼロ次元です。

ゼロ次元を何度も訪れて、ゼロGとも親しくなっていれば、五次元宇宙から自分の龍神に「ゼロ次元へ行け」と命じると、直接ゼロ次元へ連れて行ってくれます。

すべての次元と繋がっているゼロ次元ですから、古い三次元にまだ残っていた深層心理や潜在意識下の強大なトラウマを解放する必要がある場合、このゼロ次元から三次元のトラウマと対峙して解放することもできます。トラウマが待ち構えている三次元宇宙の波動に、自らの波動を落とすことなく対峙できるので、恐怖や不安や悲しみのあまり対峙できなかったトラウマを一気に解放、浄化してしまえるチャンスが広がります。三次元波動で猛《たけ》り狂う猛獣を、ゼロ次元という強固な檻の中から冷静に観察しながら、最良の対処法を実行することができるのです。その意味からも、ゼロ次元は宇宙で絶対的な安全ゾーンだと言えます。

私たち五次元宇宙人が認識できる最高波動の宇宙は八次元宇宙までです。ゼロ次元のゼロGは、八次元以上の次元宇宙については、まだ何も語ってくれません。それは私たちには到底認識できない未知なる次元宇宙だからでしょう。

フィボナッチ次元宇宙では、次の次元は十三次元宇宙になります。愛と美を波動軸としたフィボナッチ次元宇宙ですから、十三次元宇宙も愛と美が波動軸となっていることは確かですが、今の私たちには想像も及ばない愛と美に満ちた宇宙なのでしょう。

ゼロ次元には、そんな十三次元宇宙に通じている道の気配がかすかに感じ取れますが、それは後日のお楽しみに取っておきましょう。今はまず六次元の神々ですら茫然自失でヘロヘロになってしまう八次元宇宙の超高次な波動エネルギーと智恵と想念の具現化パワーに少しずつ慣れていくことが先決です。

私たちが八次元宇宙を自由に楽しめるようになり、エディさんと何でも話しあえる大親友になれた時、私たちは、今の私たちが認識できている全宇宙と神々の世界を手中に収め俯瞰《ふかん》することができるでしょう。

その時、私たちは全宇宙と神々の創造主となります。

手中の宇宙で何が起ころうとも、神々が何をしようとも、ただそこに次々と花開く愛と美の花を静かに眺めているだけでしょう。

フッとまわりを見渡せば、同じように手中に自分が創った宇宙を持った存在が見えるかもしれません。その存在の手中の宇宙をのぞき見たり香りを嗅《か》いだりすると、愛と美の香りはするけれども、まだ見たこともない何かが見えるのかもしれません。

その時、十三次元宇宙への扉が開き始めるのでしょう。

第三章　菩薩医学　～愛と祈りの実践～

菩薩医学は「祈りの医学」

菩薩医学は祈りの医学です。祈りの形で想念を具現化することで万病を治します。想念の具現化は、三次元宇宙でも五次元宇宙でも八次元宇宙でも起こりますが、その具現化するパワーは三次元宇宙では弱く、五次元宇宙では神のレベルとなり、八次元宇宙では神々をも圧倒してしまう超強力なパワーです。

悪人ほどなぜ叶う!? 〜三次元宇宙の〝我〟の祈り〜

三次元宇宙は、我欲とエゴと煩悩の世界でした。三次元人の想念も、ドロドロした我欲に染まっていました。お金が欲しい、名声が欲しい、権力が欲しい、ソウルメイトが欲しい、病気が治ってほしい、天職が欲しい、生きがいが欲しい、幸せが欲しい……神社仏閣に掲げられた祈願文は我欲成就の祈願ばかりです。そんなクレクレ君とシテシテちゃんは「感謝」を知りません。お賽銭や供え物で神仏と取引できると信じています。神官や僧侶もそう思っているので仕方ありませんが、神仏はお金には全く興味がないことを忘れてしまったのが三次元宇宙でした。

感謝のない祈りを神仏が聞き届けてくださることはありません。我欲に染まった想念が具現化することは、愛の宇宙ではありませんでした。それでも稀に病が治ったり、伴侶が現れたり、お金まわりがよくなったり、天職だと思える仕事に就いたりすることが起こりました。「やっと私の想念が具現化しました」と大喜びしたのも束の間、次の試練がやって来て、再びどん底に落とされてしまいます。

想念を具現化するのは、神仏ではありません。その次元世界が想念を感じ取って具現化してくれるのです。その次元に広がっている愛の波動エネルギーに、祈りの想念波動がピッタリとシンクロできれば、無から有が具現化されます。

三次元宇宙の波動は、人々の我欲とエゴと煩悩がぶつかりあいを繰り返しているので乱れに乱れています。元々陰陽五行に支配されて大きく波打っている三次元波動に、人々の乱れに乱れた想念波動が加わるので、三次元宇宙が祈りの想念にシンクロして具現化することは極めて稀なことだったのです。

三次元宇宙では、悪人に運気の強い人たちがいました。善人なのに運に見放された人たちもいました。それはなぜでしょうか?

悪人は我欲とエゴと煩悩を表にさらしながら、強烈な想念を放って生きています。市井《しせい》の人たちは、悪人と遜色《そんしょく》ない我欲とエゴと煩悩を内に封印しつつ、遠慮しながらコソコソと想念を放つだけです。悪人は持てるパワーのすべてを想念に込めますが、善人を演じている市井の人たちは、我欲を内に封印することにエネルギーを使い込んでしまい、かろうじて残った弱々しい想念パワーを放つことしかできません。

難行苦行を経て内なる我欲を昇華できた聖者は、自らの想念の乱れを鎮めて、三次元波動と自らの想念波動をシンクロさせて、想念の具現化を起こすことができました。悪人に三次元波動と自らの想念波動をシンクロすることはできませんが、強烈な想念エネルギーを放つことで、無理矢理に三次元波動に想念の具現化を起こさせることができました。

三次元波動は想念の善悪を判断しません。波動的にピタッと合った想念を具現化するだけです。それが極悪人の想念であっても、三次元波動にとっては、何が極悪なのか？　はわからないのです。悪い者ほどよい思いができたのは、迷いも遠慮もなしで全身全霊を込めて想念できるからだったのです。

どの次元にも次元の主である神さまがいます。三次元宇宙には八百万の神々がいますし、大いなるワンネスの神さまもいますが、その神々は三次元宇宙では想念の具現化をつかさどってはいません。神々はあくまで天空から三次元宇宙を見ているだけです。三次元宇宙での想念の具現化は、人々の想念エネルギーの強さと三次元波動のシンクロ率によって「引き寄せられるように」起こるのです。

祈りは想念の中のひとつの形です。三次元宇宙は我欲とエゴと煩悩に満ちあふれていますが、ひとりひとりの想念もまた我欲とエゴと煩悩にむしばまれています。口には出さないし思ったこともない我欲などの想念も、三次元人のこころの奥、深層心理の領域あたりに静かに潜んでいます。修行者たちは一生をかけて、そんな深層心理に巣くう我欲たちを浄化しようと修行に明け暮れてきました。深層心理の浄化は、並大抵には終わりません。解脱できたと喜んでも、その下に潜んでいた我欲が浮かび上がってくるのが常でした。

赤ちゃんとママの奇跡！　～三次元宇宙の〝生〟の祈り～

祈りで万病を平癒してしまう。それは三次元宇宙では奇跡の夢物語で、無我の境地に至った聖者にしかできないことだったのです……？

いいえ、三次元宇宙の人たちの誰もが無我の境地だったことがあります。それは赤ちゃんの時です。赤ちゃんの笑顔は、万病を忘れさせるパワーを持っています。赤ちゃんの笑顔を見ると痛みを忘れます。赤ちゃんの笑い声を聞くと悲しみを忘れます。赤ちゃんの寝顔を見ると気持ちが安らぎます。赤ちゃんには本能はありますが、煩悩も我欲もありません。それは無我の境地にとても近いところにいます。

赤ちゃんが生まれてくる時、頭蓋骨をバラバラに歪め、身体をグニャグニャに曲げてまでして、とても狭い産道をくぐり抜けてきます。これは赤ちゃんの「生まれたい！」の一念が成せる奇跡です。

出産前は「ハンサムで背が高い男の子が欲しい」「キュートで二重まぶたで鼻筋が

きれいな女の子が欲しい」などといろいろ我欲に満ちた願望を言っていたお母さんも、陣痛が進み、いざ出産！　となると「もうどんな子でもいいから、元気に生まれてきて〜！」の一念だけになってしまいます。これも無我の境地の祈りです。赤ちゃんの一念とお母さんの一念が見事にシンクロするからこそ、出産という奇跡が成就するのです。

三次元宇宙の想念の具現化力はとても弱いので、出産は苦痛を伴う苦行でしたが、五次元宇宙の出産は、三次元宇宙の人たちには想像もできないほどの安産です。

妊娠期間の長さは、赤ちゃんとお母さんの想念同士が話しあって決めます。赤ちゃんが早く生まれたい！　お母さんも早く産みたい！　と想念すれば数日で生まれます。今回はお母さんのお腹の中で甘えていたいな、と赤ちゃんが想念すれば、妊娠期間は数ヶ月になります。お母さんが幼児になってから生まれてきて！　と想念すれば、妊娠期間は数年になることもあります。

どの出産も無痛で短時間に終わってしまいます。赤ちゃんも産道を通る時は、「エイヤッ！」と身体の量子波動を高めて幽体化してしまうので、スルッと産道をくぐり抜けてしまいます。お母さんの方も子宮と産道の量子波動を高めて幽体化するので、赤ちゃんにムリがかかることはなくなります。たとえ3歳児ほどになっていても、難なく出産できてしまうのは五次元波動のおかげです。

今すぐこの両親の子供になりたい！　と想念する魂もいます。そんな時は、まず両親とテレパシーで話しあいをして両親のOKをもらいます。両親が大歓迎してくれると、子供になりたい魂は、想念の波動を思いっきり上げて「この両親の子供になります」と念じます。両親も喜びと感謝と慈愛の波動を高めて、子供が具現化してくるのを静かに待ちます。すると、「ただいま〜」と子供が家に帰ってきます。もう妊娠も出産も乳幼児のプロセスもスルーして我が子になってしまいます。

三次元宇宙でもセックスレスで妊娠出産して赤ちゃんを授かるお母さんが増えていますが、五次元宇宙になると、いきなり子供！　も普通になってしまうのです。いきなり子供が現れても、両親も子供も魂同士で交わした会話はちゃんと覚えているので、全く違和感なしに○歳のお誕生日の夕食を楽しめます。生まれる前の子供から「今日の夕食は○○が食べたい！」とのリクエストを聞いているので、両親もちゃんとリクエスト通りの祝いの夕食を用意して子供の帰りを待っています。「ただいま〜」と帰ってきた子供とは初対面ですが、とても懐かしい思いと魂が震えるような喜びと幸福感を感じます。「あっ、おかえり！」は、悠久の時間を超えて宇宙を共に旅してきた魂への「おかえりなさい」の感謝のひと言です。

この世の最期の友　～三次元宇宙の〝死〟の祈り～

三次元人でも、無我の境地になれる時がもうひとつあります。それは人生の黄昏時《たそがれどき》を迎えて「死」をこの世の最後の友とした時です。

死と向きあうと、我欲もエゴも煩悩も無意味になります。死の恐怖も不安も惜別の情も、我欲とエゴと煩悩を手放してしまえば消えてしまいます。死の恐怖や不安に負けると認知症になります。24時間、眠っている時でさえ襲いかかってくる死の恐怖と不安から逃れるためには、認知症となって意識を無に帰するしかなかったのです。

死と友となり執着と欲得を浄化してしまった意識体は、どんな想念を具現化しようとするのでしょうか？

もうこの世の人たちへの惜別の情もありません。遺産相続？　葬式と墓地？　子孫繁栄？　それを気にしているうちは、まだまだ執着と欲得の地獄の中にいます。

死を前にして想念の具現化の機会を得た意識体は、慈愛と感謝の念の中にいます。この世への感謝、天地自然への感謝、宇宙と神々への感謝でいっぱいになります。そこで想念するのは平和と愛です。他には何も要りません。それがこの世を生きてきて、最後にこの世に残せるものだと気づけます。天地自然も宇宙も愛の波動なので、その最後の想念は見事に増幅されながら具現化します。

そんなことを言っても、「この世は争いと奪略しかないじゃないですか？」と三次元波動の疑問を持つのも仕方ありません。五次元波動で見ると、平和と愛の想念は、ちゃんと三次元のこの世に具現化できています。それは海を自由に泳ぐイルカだったり、空を悠々と飛ぶ鳥だったり、森の木々も梢《こずえ》を渡る風も大地を潤す川も……この天地自然を成す万物に平和と愛の想念が宿っているのが見えます。

死を友とすると、見えない世界が見えてきます。天地自然の中のお気に入りのものに、最後の平和と愛の想念を託すことができます。やがて死が訪れた時、平和と愛を託したお気に入りのものになって黄泉の世界へと旅立てます。海を泳ぎながら、梢を渡りながら、大地を潤しながら、サンタクロースのように平和と愛の波動をプレゼントしながら黄泉の世界へと昇っていきます。

死は三次元のこの世と四次元の黄泉の世界の間にあります。この世の人たちは死を超えなければ、黄泉の世界へはたどり着けません。いつまでもこの世と死の間で堂々めぐりを続けますが、これが輪廻転生の正体です。解脱して覚醒するとは、四次元の黄泉の世界へ入ることです。黄泉の世界から三次元のこの世に降りてくることはできますが、そこにはもう輪廻転生や因果応報はありません。生まれながらに因縁に縛られた人生ではなく、まっさらで自由な人生を始めることができます。

２０１８年以降、強い死への恐怖さえ持たなければ、誰でも容易に輪廻転生の呪縛から解放されて黄泉の世界へと入りやすくなりました。黄泉の世界から再び地球人に生まれ変わる時には、五次元宇宙へと生まれ変わります。黄泉の世界には、もう廃番となった三次元波動の地球人バージョンの在庫もなくなり、地球人になりたいなら五次元人のバージョンしかありません。２０２０年までに三次元から五次元に目覚めなければ、五次元宇宙に入れないと言われていましたが、生きながら目覚めるのは容易なことではありませんでした。三次元宇宙の近未来は、どの平行次元を見ても破滅的結末ばかりです。このまま行けば、五次元宇宙にはほとんど人がいないのではないかしら？　と心配されている方々もおられますが、大丈夫、心配は要りませんよ。

　最近亡くなった方々の多くは、すでに黄泉の世界に入っています。そして、次の五次元宇宙へと生まれ変わる準備をしています。死の恐怖を乗り越え、我欲とエゴと煩悩が命だった三次元宇宙への執着を捨て去って、まっさらになった魂たちの生まれ変わりですから、五次元宇宙で出会っても誰の生まれ変わりかはわかりませんが、五次元波動の感性が高まっていくにつれて、三次元宇宙のあの人だったのかな？　という何となくの直感でわかることもあるでしょう。

　五次元宇宙には、喫煙も肉食も飽食もありません。だましたり支配したり攻撃する人もいません。もちろん争いも差別もありません。三次元宇宙のほとんどの人たちが「死」を介して五次元波動人に生まれ変わっても、もうタバコにも肉食にもグルメにも見向きもしません。和・輪・笑の五次元宇宙に毒を持ち込むことなく、五次元宇宙の平和を満喫することでしょう。

　死は破壊と再生をもたらします。三次元宇宙の知識と常識と自我を破壊すれば、魂の本当の姿に再生されて五次元宇宙に生まれ変われます。五次元宇宙がすぐに笑顔の人たちでいっぱいになるのも時間の問題ですね。

すぐに具現化！　〜五次元宇宙の祈り〜

五次元宇宙での祈りは、すぐに具現化します。五次元人の誰もが祈りを具現化する力を持っています。我欲もエゴも煩悩も浄化してしまった五次元人は何を祈るのでしょうか？

五次元宇宙は愛と美の世界です。喜びと感謝と幸せに満ちあふれた世界です。我欲もエゴも浄化してしまった五次元人は、もう自分のために祈ることはありません。他の五次元人たちも笑顔でいっぱいなので、他人のために祈る機会もありません。病もありません。死の恐怖もありません。誰かのために何かを具現化するために祈ることは、もう五次元宇宙ではなくなりました。

死を目の前にしている人に、病気平癒と長寿息災を祈ることもしません。五次元人は、誰もが自分の死期を自分で決めます。死とは肉体を手放すだけのことで、魂となった意識体は今まで通りに見えて話せるので、三次元宇宙のように死を忌み嫌うことはありません。肉体を持っているかどうかが違うだけで、何も変わらないことをお互いに理解できているので、何の支障も感慨もないのです。

五次元人は、天地自然や宇宙にも願望成就の祈りは捧げません。あるがままに生きているので、天地自然のなすがままを受け入れているからです。雨が降れば雨を楽しみます。日照りが続いても、皆で歌い踊っていれば雨がやって来てくれます。誰かが感謝の祈りを捧げると、次々に人々は感謝の祈りを捧げます。そう、五次元人の祈りは感謝を捧げるための祈りなのです。感謝はすぐに喜びと幸せを引き寄せます。

何かを求めて祈るのではなく、ただそこにあるがままの喜びと幸せを神々と共に楽しむために、五次元人たちは祈ります。それは無我を超えた喜びの境地ですから、何か病を持っていても圧倒的な自然治癒力が働いて、どんな病でも消し去ってくれます。それは神々が治してくれたのではありません。自分で治したのでもありません。喜びと幸せが治してくれたのです。その喜びと幸せは、どこからやって来てくれたのか？　喜びを考える必要もありません。五次元宇宙も愛と美のエネルギーで満ちあふれています。喜びと幸せは、その愛と美のエネルギーの中からやって来たのです。愛は万病の薬だ、とお薬師さんはおっしゃいますが、正しく愛と美のエネルギーを素直に浴びれば、万病は平癒してしまうのです。

五次元人たちは、もう世界の平和を祈ることもありません。祈らなくても、五次元宇宙は平和だからです。互いに感謝しあうのも、天地自然に感謝するのも当たり前です。平和は祈るものではなく、お日さまが東から昇って西へ沈むように、天地自然の理に組み込まれた真理になっています。当たり前になってしまった平和ですが、人々は感謝を忘れたわけではありません。朝日に向かって祈るように、夕日に向かって感謝するように、天地自然が守ってくれている平和に感謝を捧げています。

平和が当たり前だからこそ、五次元人たちは愛しあうことに意識を集中することができます。我欲やエゴや煩悩を満たすために浪費していた意識のエネルギーをすべて愛に向けることで、愛を創造し続け、愛を進化させ続けることができます。

五次元人は、愛にも祈りを捧げます。愛の神々に祈るのではなく、愛というエネルギーに、喜びと感謝と幸せの祈りを捧げるのです。五次元宇宙は、愛がなければ生きてはいけない世界なのです。

六次元世界は神々の世界です。神々が自分たちに向けて何かを祈ることはありません。神々が病むことも苦悩することもありません。もちろん何かを欲しがったりなどもしません。神々は、いつも喜びと幸せの中にいます。

祈りの力
〜あなたの三次元波動の祈りが叶わないのはなぜなのか〜

三次元宇宙でもミレニアムを迎えた頃から、ようやく祈りの力が見直されてきました。想念の具現化力である祈りは、菩薩医学の第一の治療法です。

三次元宇宙には、財のどん底、愛のどん底、病のどん底、生きがいのどん底という4つのどん底がありました。お金がめぐってきますように、天職が見つかりますように、ソウルメイトと結ばれますように、幸せな家庭が築けますように、病が治りますように、生きがいが見つかりますように……どの祈りにも、我欲とエゴと煩悩が滲《にじ》み出ているのは仕方ありません。

三次元波動の祈りは、めったに叶いません。引き寄せの法則は手を替え品を替えつつ長年のベストセラーに君臨していますが、その引き寄せの法則は宝くじと同じ確率で、末等はよく起こりますが大当たりには一生かけてもまず当たらないでしょう。なぜでしょうか？

三次元人の想念の具現化力が元々弱いこともありますが、祈り方にも大いに問題があることに三次元人は気づけませんでした。お金持ちになる、天職に就く、ソウルメイトと結婚する、幸せな日々を送る、病が治る、生きがいを持つ……というどん底の対極の結果を具現化したいと祈っても、宇宙はそう易々と動いてはくれません。五次元宇宙から見守ってくれている神々も、三次元宇宙へは手出しをしません。三次元宇宙で想念の具現化を起こせるのは、内なる五次元波動の魂だけです。神々に祈る、天地自然に祈る、宇宙に祈る……では祈る対象が違っています。祈るのなら、内なる自分の魂に向かって祈るしかないのです。

しかし、まだどん底にいる根本原因と意味に気づいていない間は、自分の魂も見守ってくれている神々も宇宙も「あとちょっとで気づけるから、このままがんばれ！」と、そのままどん底に押しとどめてきます。

なぜ三次元宇宙にいるのか？　それは五次元宇宙では絶対に味わえない体験を通して、三次元宇宙の我欲とエゴと煩悩やネガティブさが半端ない喜怒哀楽を楽しむためでした。五次元波動のままだと容易に想念の具現化力が働いて、いとも簡単に病を治してしまったり、大金持ちになったり、最高の伴侶や仕事を得たりできてしまうので、わざわざ三次元波動まで波動を落として、想念の具現化力を半ば封印してから三次元宇宙に降りてきたのでした。

三次元宇宙でそう易々と想念の具現化が起こってしまうと、五次元宇宙からわざわざ降りてきた意味がなくなるのです。奇跡が起こらないのは、自分が強く具現化力を封印したからなのです。

病も困窮も孤独も虚無感も辛く苦しいものです。もう生きてるのも嫌になります。「早く星へ帰りたいよ」と毎夜、呟くようになります。どん底の苦悩に意識をフォーカスして祈っていても奇跡は起きません。「そんなに今生を止めたいのですか？」と魂の声がして、突然死で幕切れしてしまうのがオチです。「死んだ方がましだ」「では死になさい」で終わってしまいます……いえ、終わりません。死んで五次元宇宙へと魂が戻ると、「いやぁ　今生は辛く苦しい体験をいっぱいしましたよ。でも、あとちょっとでしたよね。惜しいことをしました。さぁ　もう一回チャレンジして来ますね」と同じ人生に降りていきます。特に２０１８年からの３年間は宇宙でも稀な一大イベントなので、何度でも同じ人生を繰り返そうとしました。すでに１００回、２０

0回の繰り返しは当たり前で、中には1000回、1万回繰り返している気づきの猛者もいます。

このように五次元宇宙から三次元宇宙の祈りを見ると、三次元宇宙での祈りの本性が見えてきます。三次元宇宙のどん底で苦悩しているのは身体とこころであって、内なる五次元波動の魂はどん底を楽しんでいる姿が見えてきます。魂がどん底を楽しんでいる以上は、いくら祈っても奇跡は起こりません。逆に魂はもっとどん底を深めてくることもあります。

どん底を抜け出したり、どん底が消えてしまうことを祈っても、祈りは内なる魂には通じないのです。当然、どん底をさまよい苦悩する他人を助けようと祈っても、奇跡は起こりません。祈られた人の内なる魂がどん底での学びを楽しんでいる間は、いくら愛を込めて祈っても救済することはできません。「あなたのために祈っています」という言葉の無味乾燥さと自己満足感が、疲れ果てたこころをさらに切り裂いていくだけです。あなたのよい子ちゃんな祈りが、不幸でどん底な人のこころに最後のとどめを刺すことだってあるのです。

もしあなたが不幸でどん底な人に救済の祈りをしたければ、三次元宇宙なりの有効な方法があります。財のどん底の人にはお金を、愛のどん底の人にはおしゃべりやデートする時間を、病のどん底の人には寄り添う時間と思いやりを、生きがいのどん底の人にも時間と思いやりをプレゼントしましょう。お金は1000円でもOKです。時間は1時間でもOKです。思いやりも相手の好きそうなケーキや食材、お酒でOKです。

「物品よりも気持ちでしょう？」は、どん底をさまよったことのないよい子ちゃんのわがままなエゴで毒でしかありません。「同情するなら金をくれ！」が三次元宇宙の本音です。どん底をさまよっている人は、もう本音しかありません。財も愛も病も生きがいも、どん底の底辺をさまよっていると、もう嘘や方便で繕《つくろ》うことなどできず、本音しか出せないのです。苦しい、痛い、辛い、悲しい、寂しい、死にたい……と叫ぶしかありません。どん底をさまよったことのある人は、そんな叫び声を聞くと、静かに見守ってあげたり、お金や時間をプレゼントして少しでも慰めてあげようとします。よい子ちゃんは「そんなことを言ってはダメ！」とか「大丈夫ですよ。もうすぐ何とかなりますよ」とか「見損ないました！」とか……この反応で、本当の愛ある友人なのか単なるよい子ちゃんなのかが丸見えになります。「あなたのために祈ります」

は、祈っている人の本性が出てしまうとても怖い言葉なのです。

このように三次元宇宙の祈りは、お金と時間と物品に置き換えられます。これを大いに勘違いしてしまっているのが神社仏閣です。お布施、お賽銭《さいせん》、ご祈禱《きとう》料、神仏グッズ……どう見ても奇跡など起こりそうにないことは一目瞭然です。六次元波動の神々は、三次元宇宙に降りてくることはありません。五次元宇宙から三次元宇宙を見守っているだけで、三次元宇宙に奇跡や想念の具現化を起こすこともありません。神社仏閣は、そんな神々に祈りの声が届きやすい聖地だっただけなのです。

三次元宇宙の神社仏閣や自然の磐座などに、神々の息吹や神聖なエネルギーを感じ取ることがあります。あたかもそこに神々がいるか（いたか）のように感じる場所もあります。それも六次元波動の神々自身ではなく、神々のまなざしの名残のエネルギーが強く残っているところだったり、五次元宇宙人が神々に頼まれて神々の六次元波動をまとって三次元宇宙へ降りてきた場所だったりがほとんどです。中には三次元人たちの恐怖や我欲の強い波動エネルギーが、荒ぶる神として崇められたり封印されたりしている場所もあります。

三次元宇宙には、六次元波動の神々はいません。もしいると、神々の持つ六次元波動の想念の具現化力は、簡単に三次元宇宙を破滅させてしまうでしょう。神さまが三次元宇宙を見ながら「あれはちょっとひどいよね」と思った瞬間に三次元宇宙は滅亡してしまう、という笑えない話になってしまいます。

六次元の神々は、想念してからそれが具現化してしまうまでのタイムラグがほとんどありません。「しまった！　要らぬことを想念してしまった！　取り消さなければ」と想念し直すことはできないのです。だから、神々は三次元宇宙へ降りないのです。降りると、すぐに三次元宇宙は滅亡してしまうのです。

その代わりに、五次元宇宙人に三次元宇宙へのメッセージを託して降りていってもらっています。五次元宇宙人なら、想念してもそれを取り消したり上書きする時間的余裕が残っているから安全なのです。三次元宇宙の神社仏閣に祀《まつ》られている神々の正体は、六次元波動の神々からのメッセージを託された五次元宇宙人であることがほとんどなのです。

そんな三次元宇宙の神々への祈りは、どうすればよいのでしょうか？

神々は三次元人ではないので、お金も時間も物品も要りません。死んで黄泉の世界へ持っていけないモノは、神々にとって無用の長物です。

愛も要りません。三次元人の愛など、神々にとってはうれしくも何ともありません。五次元宇宙は、三次元宇宙とは比べものにならないほどの高次の愛のエネルギーに満ちあふれています。愛のエネルギーは、絶えず五次元宇宙から補充されてきていますので、愛が枯渇することはあり得ません。あふれる愛を三次元人たちに分け与えるのが、神々の代理となった五次元人の使命のひとつですので、神々はいつも愛に満たされています。

もし愛が足りない神がいるとすれば、それは三次元人たちの恐怖と我欲が創り上げた神でしょう。そのような神は、三次元人たちに財と時間と物品を要求します。要求がどんどんエスカレートしていくのが三次元神の特徴です。人々が宇宙の愛のエネルギーを受け取ることを禁じて、我欲とエゴと煩悩に染まった愛を与えます。ホンモノの神々を荒神として封印したり、祟《たた》り神として人々に恐れさせたり、忌み嫌わせたりします。生贄を求めて人々を従属と落胆と悲痛で呪縛します。そんな神への祈りは、無病息災や家内安全、豊年満作、厄除開運、商売繁盛などの現世利益ばかりになってしまいます。高い祈禱料ほどよい、お供え品は多いほどよい……それでウィン・ウィンだったのが、三次元宇宙の神と人々の祈りでした。

五次元宇宙の感謝の祈り　～菩薩医学の祈りとは～

神々の使者である五次元宇宙人が、本当に喜ぶ祈りとは何でしょうか？

それは感謝です。祈りと言えば、まずは神恩感謝でしょう。六次元の神々は、いつもあなたを見守ってくれています。その温かい愛のまなざしを少しでも感じたことがあるのなら、祈りは神恩感謝しか思いつかないはずです。もし他の祈願が先に頭をよぎったのなら、三次元の我欲とエゴと煩悩に知らず知らずのうちに冒されている兆しです。だからと言って、滝行や水ごりで禊《みそ》ぎする必要などありません。ごめんなさい、のひと言で禊ぎされてしまいます。

感謝の祈りは、神々へ向けるだけではありません。感謝できる人は、日々の暮らしの中でも感謝しています。朝日を拝む時に感謝します。顔を洗う時にも感謝します。晴れても雨でも感謝します。ひとりでも家族がいても感謝します。仕事があっても、何もない一日でも感謝します。夕日にもお月さまにも感謝します。食事を摂れることに感謝します。夜眠る時にも感謝します。

それは天地自然や宇宙に向けての感謝の祈りです。そして何よりも内なる自分自身に向けての感謝の祈りです。この自分自身に向けての感謝の祈りが菩薩医学の祈りです。

自分自身に向けて祈っても、万病はすぐには平癒しないでしょう。痛みも苦しみも、たいして和らぎはしないでしょう。それでも、内なる自分自身に感謝の祈りを捧げたくなる時があります。

天地自然にも宇宙にも家族にも、泣きたくなるくらいの感謝の念でいっぱいになって祈る時、あなたの中に菩薩さまが宿っています。あなたの内なる自分自身に菩薩さまが座すと、あなたの中に小宇宙が現れます。それはマンダラのようにも見えます。あなたの中に八百万の神々が現れます。神々の六次元波動が、あなたの心身魂の波動を瞬時に浄化し蘇生します。あなたの意識は神意識と繋がって、神々の声が聞こえてきます。神々と対話することもできます。

万病は、五次元宇宙にはもうありません。もちろん六次元の神々の世界にいかなる病もありません。その六次元波動があなたの心身魂を浄化してくれます。神々と繋がり六次元波動とシンクロしている間は、どんな病も症状も感じなくなっています。波動量子的には、病は消えてしまっているはずです。やがて三次元宇宙に心身魂が戻ってくると、あなたの三次元想念が、元の病と症状を再現して創造してしまいます。

わずかな間でも消えてしまった病と症状が再現されてしまうのは、なぜでしょうか？　そのまま消えてしまってくれればよかったのに……。

それは、あなたがまだ病の意味に気づいていないからなのです。いくら感謝の祈りを捧げても、一日に何百何千回と感謝の言葉を唱えても、病の根本原因と意味に気づかなければ、あなたの五次元波動の魂が、同じ病と症状を再現してしまうのです。

六次元の神々と繋がっている時に、神々に自分の病の根本原因と意味を尋ねると、ヒントはくれますが肝腎な答えまでは教えてくれません。神々を恨みたくなる瞬間ですが、神々を恨んだところで何も変わりません。それよりも、「あぁ、そこにヒントがあるのか」と、ゆっくりと人生を反芻《はんすう》してみる方が気づきへの早道だと言えます。

焦りとあきらめは、感謝の念を弱めてしまうので禁物です。怒りも恐怖も不安も悲しみも、感謝の波動を弱めてしまいます。我欲とエゴと煩悩が支配する三次元宇宙で、感謝の祈りを捧げるのはとても難しいことですが、それはできないことではなく、五次元宇宙で暮らしていた時には当たり前にできていたことですから、あなたにも必ず感謝の祈りを捧げることはできますよ。

五次元宇宙の人たちは、いつも祈っています。それは感謝の祈りです。

五次元宇宙には、過去も未来も平行次元もありません。すべてが「今ここ」にあります。感謝の祈りを捧げる時も、自分の意識は「今ここ」にあります。想念を具現化するスイッチも「今ここ」にあります。感謝を捧げている時、喜びと幸せが愛から湧《わ》き出してきて「今ここ」に注ぎ込みます。五次元人たちがいつも笑顔で幸せそうなのは、この感謝の祈りが、愛の喜びと幸せを具現化してくれているからなのです。

五次元宇宙には、六次元世界からたくさんの神々が降りてきて、一緒に暮らしています。五次元人の誰もが神々と友だちなので、神々に何かをお願いすることはとても容易なことですが、誰もしません。五次元人の持っている想念の具現化力は、三次元人たちから見ると神の奇跡のように見えるほど強力な力なので、五次元人たちは、日常の生活上で特に何不自由なく想念の具現化力をうまく使いながら生活を楽しんでいいます。

地球意識体や宇宙意識体とも繋がっておしゃべりを楽しんでいるので、天地自然や宇宙に何かしてほしいと願うことはありません。天地自然にも宇宙にも、感謝の祈りを捧げることを忘れたことはありませんが、何かを祈願する祈りとは次元の異なる愛と感謝の祈りだけを捧げます。地球や宇宙もその感謝の祈りに応えて、もっと喜び、もっと幸せになり、もっと愛が深まるプレゼントをいつも考えてくれています。地球や宇宙は、そうやってワクワクしながら何かを考えていると波動が高まっていきます。もちろん地球人や宇宙人たちの波動も一緒に高まっていきます。愛と感謝の祈りは、宇宙全体の波動を高め、宇宙全体の進化を促進してくれます。地球のために、宇宙のためにと祈るのではなく、ただ無心に「今ここ」の自分が感じている感謝と喜びと幸せを祈るだけですが、これが最も地球と宇宙の進化に役立っているのです。

五次元人たちが、三次元宇宙に向けて感謝の祈りを捧げることもあります。それはお母さんが、まだ幼い子供に向かって、感謝と喜びと幸せな愛の想いを捧げるような祈りです。その愛の想いは、三次元宇宙に広く降り注いでいきます。三次元宇宙でそんな愛の想いに気づく人はとても少ないですが、気づいた人が天を見上げると、そこには観音さまやマリアさまの慈愛のまなざしが見えます。三次元宇宙の人たちにとって、五次元宇宙は神々の国であり、そこに住む人たちは神々のように思えます。三次元人に五次元波動の人の姿は見えますが、六次元の神々の姿は見えません。当然、六次元世界の中心であるワンネスな神意識体は、三次元人の五感で感じ取ることはできません。三次元宇宙の多くの宗教には、宇宙の創造神と派出した神々の織りなすマンダラが描かれていますが、それは五次元宇宙と六次元世界を、己の想念波動を極限にまで高めることで垣間見てきたビジョンなのでしょう。

感謝の祈りは今、三次元宇宙の宗教家たちに、「あなたの求めているものは、古い教義と伝統的なヒエラルキーですか？　それとも神仏との合一ですか？」と問いかけています。

「路頭に帰れますか？」

五次元宇宙では当たり前の祈りが、三次元宇宙の宗教界を殲滅《せんめつ》してしまいます。

五次元宇宙には宗教はありません。もう必要ないのです。病がなくなり医療が必要なくなったのと同じく、迷いも争いもなくなったので宗教も要らなくなりました。武器や戦争もなくなったので、平和を祈ることも忘れてしまいました。そんな世界をユートピアと呼んで絶対にあり得ない世界だと断じてきたのが三次元宇宙でした。それは当たり前の世界だと認識さえしなくなったのが五次元宇宙です。五次元宇宙には、愛と感謝の祈りだけで十分だったのです。

地球に不干渉な神々　～六次元世界の祈り～

神々にとって、祈りとは何でしょうか？

神々が人間世界のために祈ってくれることはありません。地球のためや宇宙のために祈ることもありません。神々に優劣や上下はないので、もっと○○な神になりたい、などといった祈りもあり得ません。マンダラに描かれるような神々たちの主従上下関係は、三次元宇宙の話であり、五次元以上の世界では、神々もヒエラルキーの呪縛に囚われることなどありません。

神々には互いに平等という観念もありません。ひとりひとりの神々が尊い存在であり、比べる尺度などない世界にいます。六次元の神々の世界には八百万の神々が暮らしていますが、八百万でありながら同時にひとつの神意識体でもあります。そのひとつの神意識体を強いて表現すれば「愛」ですが、同時に「感謝」「喜び」「幸せ」「美」などの別々の神意識体としても現れます。ひとつと無数が同時に現れることができるのが神意識体の特徴でしょう。

「神とは何ですか?」と問うのは三次元人です。「神とは愛ですよ」と答えてあげても、五次元以上の愛を知らない三次元人には、理解も納得もできません。神とは宇宙ですよ、神とは天地自然ですよ、神とは万物の創造主ですよ……どの答えも同じことを言っているのですが、三次元人にはなかなか理解しがたいようです。

五次元人は、神とは何か？　に囚われません。私はなぜ生きているのか？　私はなぜここにいるのか？　私とは何なのか？　と同じ問いかけだからです。愛するために、楽しむために、笑うために、歌い踊るために……いくらでも答えが浮かんできますが、どれも正解でありながら、どれも不十分な答えだ、と五次元人もわかっています。なぜ魂の伴侶を愛しているのか？　と同じくらい答えようのない質問です。

神々は祈ることがあるのでしょうか?

神々が自分のために祈ることはありません。もっと波動を高めたいとか、もっと想念の具現化をパワーアップしたいと思うことはありません。

元々がワンネスな神意識体の一側面たちですから、六次元世界の究極のパワーを内在していることは、どの神々もよく承知しています。歩く際、右足と左足が全く意識しないで交互に踏み出してくれるように、必要な具現化力は、それが必要な時にちゃんと現れてくれることが当たり前で意識すらしていません。

神々の具現化力はとても強力なので、三次元人に向けて直接使うことを神々は控えています。どうしても叶えたい願いや助けたい三次元人がいる時には、六次元波動に近くなった五次元人に依頼して、五次元波動の想念の具現化を起こすようにしています。それでも三次元人にとっては神の奇跡に思えてしまうでしょう。

黄泉の世界に三次元人の魂と因縁の強い魂たちがいると、その四次元波動の魂たちに、三次元人の祈願の成就と救済を依頼することもあります。依頼された四次元波動の魂たちは、守護霊や天使、妖精の姿を帯びて三次元人の間近で祈願の成就を果たすこともあります。

神々は、三次元人が生まれながらに内在している龍神を目覚めさせて、祈願の成就や救済を命じることもあります。三次元人たちが龍神を神として崇め奉るのは、このような奇跡を龍神がもたらしてくれたように錯覚するからでしょう。

六次元の神々は、地球人のことにも地球のことにも、基本的に不干渉です。地球人ひとりひとりのことも、地球全体のことも、すべての地球情報を神々は持っているので、ひとりひとりの地球人が想念を六次元まで飛ばして、神々と直接コンタクトすれば、プライベートな質問にも即答してくれますが、普段は何も考えない「無の境地」のままで六次元暮らしを楽しんでいます。

無の境地ですから願望はありません。感謝も幸せも意味をなさなくなります。「今ここ」が無限大に宇宙に広がり「今」だけの宇宙になっています。ワクワクする喜びと楽しさの波動集合体に、六次元の神々は宿っています。

そんな神々が好きなのは、楽しむこととワクワク感です。六次元の神々は、いつ繋がってもニコニコと笑っています。まるでこれから散歩に出かけるワンコのように、いつでも大歓迎してくれます。

こちらの深刻な相談話も、微笑みながらいつまでも聞いてくれます。どんなにネガティブで波動の乱れた話にも、嫌な顔ひとつせずにゆったりと構えて聞いてくれます。

そして、答えにはいつも「大丈夫」が入ります。祈願には「わかりました。任せておきなさい」と言いながら勇気づけてくれます。あなたはもう六次元の神々と繋がることができるほど波動が高いわけですから、自分で想念を具現化することができるはずなのですが、やはりネガティブに落ち込んだ時は「大丈夫」のひと言と勇気づけをいただくと安心できます。

神々はどんな相談話を持っていっても、決してジャッジはしません。相づちを打ちながら、話を聞き続けてくれるだけです。具体的な解決方法やあからさまなヒントもくれません。ただ相談話をしているうちに、自分の意識の中にフッとヒントがひらめいたり、パッと問題点が見えたりしてきます。神々は「それは自分で気づいたのですよ」と謙遜されますが、やはり神々の大いなる愛の波動が働いているように思えます。

六次元の神々は、とても気さくで楽しい神さまばかりです。決して畏れる必要はありません。もちろん天罰などありません。何を言っても怒らせたり、悲しませたりすることはありませんから、安心して六次元の神々と繋がってくださいね。神々もあなたと繋がるのを待っていますよ。

空と無の世界で浄化と消去　～七次元世界の祈り～

七次元は、空と無の世界です。神々が「宇宙で最も安らげる場」だと太鼓判を押した宇宙一の安らぎの場所です。神々も、六次元の世界からこの七次元の空と無の世界へ来ては、のんびりと安らいでいる姿をよく目にします。

ここには龍神たちの住み家もあります。龍神は七次元波動エネルギーの集合体で、空の世界をいつも悠々と泳いでいます。その龍神たちにも長《おさ》がいます。白銅色をした一際大きな龍神で、龍神たちから長老と呼ばれています。

三次元以上の人間も宇宙人も、誰もが生まれながらに1匹の龍神を持っています。その内なる龍神に命じれば、この空と無の世界を直接訪れることができます。

この七次元の空と無の世界から、龍神に乗ってゼロ次元へ行くこともできます。ハートのトーラスを調整したり、自分のマカバを覚醒拡大することもできます。

大きなミッションにチャレンジしたり、八次元宇宙を訪れる時には、龍神の長老がヘルパー役専門の大きな漆黒の龍神を付けてくれます。

そんな七次元の空と無の世界にも、七次元の意識体がいます。空の世界の主と無の世界の主を呼び出そうとしても、この七次元の意識体が現れます。七次元の主はワンネスな意識体であり、六次元のワンネスのように同時に八百万の神々の姿を持っているわけではないことがわかります。

この空と無の世界では、八百万の神々を呼び出すことができます。どの神々も愛と美の波動を軸としていますので、想像を絶するような荒唐無稽な神さまが現れることはありません。

七次元の空と無の世界での祈りは、龍神たちへの労《ねぎら》いと感謝の祈りになります。もちろん願望成就を祈っても構いませんが、ここは七次元波動ですので、三次元波動な願望は瞬時に霧散してしまい、龍神たちには伝わらないでしょう。

空と無の世界は、五次元波動宇宙の外にあります。もう銀河や惑星もブラックホールも何もない波動空間です。何もないということは、天地自然や宇宙の法則からも完全に自由だということです。五次元宇宙のすべての智恵からも自由な空間で、想念で何でもできる空間です。瞬間移動も、一瞬で銀河を創ることも、あらゆる生命体も八百万の神々さえも創ることができる空間です。

無の世界の中心には、すべてを飲み込み、完全に浄化して無に帰してしまう渦があります。この渦を抜ければ、どこへでも行ける超次元の渦です。ブラックホールの概念の外にあるので、龍神に乗っていれば、安全にどの次元へも行くことができます。この究極の浄化消去装置である無の渦に祈りを捧げることはありませんが、もう要らなくなったこれまでの祈願や龍神への命令や無意識にしてしまった想念などをこの渦に放り込んで完全に消し去ってしまうことはあります。

祈ってしまった想念は、後から新たな祈りで上書きして消すこともできますが、どうしても中途半端になってしまい、最初の想念が具現化してしまうことがしばしば起こります。「キャンセル、キャンセル」と唱えたぐらいでは、祈りを消すことはできません。祈った想念の完全消去ができるのは、この無の世界の渦だけですので、古い想念や手放したい想念があれば、この無の世界を訪れて、消し去りたい想念をまとめて渦の中に放り込むようにガイドしています。

この無の世界の渦は、生き霊の怨念や深いトラウマを投げ捨てるのにも最適です。ここに投げ捨ててしまえば、絶対に出てくることはできません。それが無の世界なのですから。生き霊やトラウマの存在自体を最初から無に帰してしまうこともできます。このような無の世界への自由な想念が、唯一の七次元の祈りだと言えるかもしれません。

七次元世界の祈りは、そんな完全なる浄化と消去の祈りなのです。

祈る必要がない!? ～八次元宇宙の祈り～

八次元宇宙は、想念する前に具現化してしまう世界です。こちらの想念が意識に上るよりもずっと前に八次元宇宙に先読みされて具現化してしまいます。

この八次元の主はエディさんと名乗る紳士で、宇宙のあらゆることを知っています。地球人のひとりひとりのことも、その人の平行次元のすべても、その想念のすべても知り尽くしています。その想念の先読み力のすごさは、六次元の神々が初めて八次元を訪れた時、茫然自失となり、六次元に帰ってきてからもボッーとしたまま思考停止してしまったことからもわかります。

ですから、八次元では祈る必要は全くありません。感謝と喜びの念が生じる前に、その想念が具現化してしまっています。病のことを聞きたいと思いながら八次元に入った瞬間に、病は治るどころか、病の根源が出てきて最悪な状況になってしまいます。エディさんとは何も意図せず何も話さないで、静かにハグだけして帰ってくるのがベストです。五次元人の想念コントロール力では、八次元宇宙はあまりに危険すぎます。

しかし、神々や龍神たちはこの八次元がお気に入りです。元々自分からは何も想念しないのが神々であり龍神たちの特徴ですから、何もない八次元宇宙でただぼんやりと過ごしているだけで波動が高まり、神々も龍神たちもとても元気になって帰ってきます。龍神たちは、キラキラと眩しく輝きを増したオーラに包まれてご満悦です。

祈らなくても、最高の結果をもたらしてくれるのが八次元宇宙です。

エディさんへの質問や祈願は、龍神に託せば届けてくれます。エディさんの答えも龍神が持ち帰ってくれます。龍神は七次元波動ですが、こちらの想念の裏の裏まで読み取ってしまうことはしません。あくまで使徒ですから、こちらの命じた通りに、何の忖度もせずにエディさんに伝えてくれます。エディさんも、龍神を介してこちらの想念の根底を先読むことはしません。ちょっと面倒さはありますが、八次元の智恵を借りるには、この方法が最も安全で有効でしょう。

龍神に託した祈りは、瞬時に具現化しています。もし何も起こらなければ、それは、あなたの平行次元で具現化しているはずです。祈りの成就した平行次元へ乗り移るには、あなたがその平行次元を受け入れる決心が必要です。身体とこころが受け入れていても、肝腎《かんじん》の魂レベルで受け入れていなければ、別の平行次元へ意識の主体を乗り換えることはできません。ここに想念の具現化の難しいところがあります。

無我無心でただひたすら祈ることだ、とエディさんは言いました。

不安も恐怖も苦悩も「今ここ」にはないのだよ。ただひたすら無我無心で祈っている時、誰もが自分の「今ここ」にいるのだから、無心の中に想念が具現化したもうひとりの自分が見えた時に、サッと乗り換えてしまうのだよ。それは簡単なことだ。アンパンとクリームパンのどっちを選ぶか？　みたいなものだよ。大人はグチャグチャ考えて決められないけど、無邪気な子供はサッと手を出せるだろう、あれだよ。病も貧乏も孤独も無心で祈って、幸せな平行次元が具現化されたら、サッとそっちへ乗り換えてしまえばいいのだよ。無邪気な子供のように、いつも幸せを夢見ていたらいいよ。イメージすれば何だって叶うのだからね。

私が叶えるのではないよ。あなたの想念が叶えたのだよ。ここではあなたの本当の想念が瞬時に具現化してしまうだけで、あなた自身が気づいていない本当の想念が具現化してしまうから驚くんだよね。

「病が治りますように」「このどん底から抜け出せますように」ではダメだったでしょう。病を楽しみたい、どん底をもっと楽しみたい、が本当の想念になってしまうのだから、どんどん悪化してしまう。下手をすると、病が治る＝死、どん底から抜け出す＝死、と死のカードを引いちゃうよ。

「昨日よりもちょっといいかな」もダメだったね。「昨日より」と比較した瞬間、「今ここ」を見失って、「昨日」をコピペした平行次元に立っていたことにやっと気づけたでしょう。昨日との比較は御法度《ごはっと》だよ。昨日のあなたは「今ここ」のあなたではないのだから。明日を夢見るのもダメだったよね。明日を夢見ている時のあなたは、昨日にしがみついているあなただからね。明日に逃げ込んで「今ここ」を見失う失敗にも、もう懲《こ》りたでしょう。なぜ？　どうして？　の原因追究も「今ここ」にあらずだったね。

いつもまっさらな「今ここ」を想念しなきゃね。幼児が走って転んで膝をすりむいて泣いて……でもすぐに忘れて遊びに戻る。あれが無心だよ。平行次元の乗換だよ。簡単だろう。楽しい方の「今ここ」にいる。ただそれだけだよ。

無邪気に、素直に、お茶目に、キュートに、笑顔で「今ここ」を楽しんでくださいね。

具現化の起きない世界　〜ゼロ次元の祈り〜

ゼロ次元は、次元を超越した世界です。ゼロ次元では、想念の具現化は起こるのでしょうか？

「ここには次元波動のエネルギーは及ばないから、あなたが意味するところの想念の具現化も起きませんよ」とゼロGに笑われました。

ゼロ次元は、すべての次元宇宙に繋がるハブ空港のような空間です。五次元波動の宇宙人たちや六次元波動の神々や七次元波動の龍神たちが、入れ代わり立ち代わり訪れています。ゼロ次元は、そんな訪問者たちの次元波動が干渉しあわない世界です。どんなに次元波動エネルギーが異なっていても、このゼロ次元の中では全く気にせずに、あらゆる次元の意識体と繋がり対話することができます。

想念の具現化パワーは、次元波動のエネルギーが大いに関与しています。ゼロ次元にいる間は、この具現化パワーもゼロになっています。想念することはできますし、相手の想念を読み取るテレパシー的な共感力は元のまま保たれているので、想念のキャッチボールはスムーズにできますが、ゼロ次元の中でその想念を具現化することだけはできないのです。

想念は保たれているので、祈ることはできます。感謝と喜びの祈りは、想念の波動を美しく高めてくれます。多次元の存在たちとコミュニケーションを取る際には、感謝と喜びの祈りの上に立って対話すると、あなたが伝えたい想念は、キラキラと美しく輝きながら相手に伝わります。三次元や五次元宇宙のように肉体を持っていれば笑顔でお話できますが、多次元の存在たちの多くは肉体を持っていないので「表情」は見えません。笑顔の表情の代わりになるのが想念の輝きです。感謝と喜びの祈りが深く大きいほど、想念の輝きはキラキラします。赤ちゃんの笑顔のように、ただ無我無心な感謝と喜びの祈りがあれば、どの次元のどんな宇宙に行っても大歓迎されるでしょう。ゼロ次元の中でも、そんなキラキラ輝く想念を持っていれば、すぐに多次元宇宙の存在たちと親友になれますよ。

ゼロ次元は、多次元宇宙の情報交換の場です。「この次元にこんな宇宙があったよ。今度一緒に行ってみない？」「こんなことを体験してみたいのだけど、どこかピッタリの宇宙を知りませんか？」「あの宇宙にはこんな可能性があるのだけど、君も手伝ってくれない？」

五次元波動になってしまえば、すべての宇宙に行くことができます。七次元波動の龍神を使えば、もう行けないところはありません。自由自在に全宇宙を旅することができるのです。

もしあなたがまだ三次元時代のトラウマや邪念怨念を浄化しきれずに、次元病や宇宙人病といった龍神病に苦悩しているのであれば、このゼロ次元でお薬師さんや医神さんに治療してもらうことをお勧めします。

ゼロ次元では、波動エネルギーがゼロになります。三次元のトラウマや邪念怨念の波動も、ここではゼロにすることができます。原子を絶対零度にすれば顕微鏡撮影できるように、トラウマや邪念怨念の波動エネルギーをゼロにすると、その本質を見ることができます。

三次元宇宙では、その乱れ汚れた波動エネルギーが放つ暗黒に包まれて、見つけることのできなかった病の本質が見えてきます。後は元の暮らしの中で、その病の本質と向きあい、浄化していくことができます。お薬師さんも医神さんも病の本質が見えていないと、どうしても的確な治療が施せません。まず病の本質を知る。ゼロ次元でお薬師さんや医神さんを呼べば、ちゃんと来てくださり、一緒に病の本質に向きあってくださいます。

ゼロ次元は、空と無の世界から龍神に乗れば、誰でも比較的簡単に行くことができます。最初はガイドが必要かもしれませんが、慣れてくれれば、自分ひとりでもスッと行くことができます。行くとゼロGが歓迎してくれます。ゼロGとの会話もなかなか面白いものがあるので、病のある方だけなく、宇宙旅行の好きな方はぜひ訪れてみてくださいね。

ゼロGからのメッセージです。

今、私の前で、あなたも神も龍もひとつの大きな光になっています。あなたは一個人として地球に存在していますが、本来は今あなたにも見えているように、あなたも光の塊です。神も龍も宇宙を構成しているものすべてが同じ光です。そのことをもう一度思い出して感じてください。

今、私に見えるのは、光の塊だけです。その中にあなたも龍も神も溶けあっていて、個々の判別はできません。あなたの想念が、あなたをこの光から分離させると、神、龍、あなたが個々の存在として現れます。

光は愛でしたね。愛とは、ひと言で表すのは難しいですが、この上ない安心感、癒し、平和、解放感、至福、喜び、夢ごこち、あたたかさ、安寧……これらすべてが合わさったものです。

あなたはこの光から分離しているように感じているでしょうが、それはそうしないと地球では生きていけないからです。

あなたの存在の根源は宇宙の光です。神も宇宙万物すべてがこの光です。それ以上でもそれ以下でもありません。

あなたに今、起きていることは、宇宙で起きていることです。

あなたの問題は、宇宙の問題です。

あなたが自分ひとりの問題だと感じているだけです。

あなたの問題は宇宙が解決します。ですから手放してください。

あなたは今、自分の問題を自分でなんとかしなければ、と自分の中で抱え込んでいます。それは大事に掌に握りしめているようなものです。その手を開いて解放してください。解放されれば、それは宇宙の問題となり、宇宙全体で解決します。

解放とは、具体的にどうしたらよいか……まずは考えることをやめましょう。考える暇があったら、自分の愛の中で安らいでいてください。

菩薩指圧　～愛の波動で癒す～

カップルでも子供とでもできる！　〝八次元波動療法〟菩薩指圧

指圧も菩薩医学の大切な治療法です。指圧と言うと、サウナや温泉旅館の按摩《あんま》指圧を思い浮かべる方が大半だと思いますが、菩薩医学は八次元波動に通じる療法なので、肩こりや腰痛を和らげるだけのその場しのぎの安楽療法とは次元が違います。

三次元波動の人でさえ、その肉体は氣のからだに包まれています。肉体の外側にエーテル体、アストラル体、メンタル体、コーザル体が広がっていることは、世界中のエネルギー治療家たちにとっては常識であり、これらのエネルギーの変容や消耗を正す目的で、さまざまなエネルギー治療が行われています。三次元波動の施術者には、三次元波動の人しか治療できません。自分の波動よりも高次の波動は、たとえ感じ取ることができたとしても、その高次の波動エネルギーを使いこなして施術することは不可能だからです。五次元宇宙の人たちを治療できるのは、五次元宇宙人、六次元の神々、七次元の龍神だけなのです。

氣が滞れば病となり、氣の流れが止まれば肉体は死にます。氣の流れは、五次元宇宙人には経絡として見えます。経絡を手で触れると、氣の流れ具合がよくわかります。凸凹していたり、穴になっていたり、淀んで玉になっていたり、トゲトゲしていたり、クルクル回っていたり、炎のように燃えていたり、噛みついてきたり……病やトラウマがある人には必ず経絡に何かが現れています。

氣は波動エネルギー体ですので、想念にとても強く反応します。遠藤喨及《りょうきゅう》氏の超脈治療は、正しく想念と氣が和合しようとする理を使った五次元的な指圧だと言えます。虚と想念すれば、虚の経絡上に指が自然に止まり、邪氣と想念すれば、邪氣点の上に指が止まります。この感覚は、五次元人なら誰でもわかります。遠藤氏の超脈治療は、超脈を想念して指でとらえた後、「『超脈を、邪気点の二メートル下にまで持っていく』というイメージでゆるみを取る。（中略）気の技法が施されると、受け手は強い響きを感じる。邪気が深ければ圧されている所の奥へ響くが、邪気が表面に上がってくると、圧している所から離れた所へ響きを感じる。これは邪気が排出されていく時の経絡感覚である」と書かれています（『タオ、気のからだを癒す』法蔵館）。鍼灸《しんきゅう》や指圧を実際に施術されていない方々には、今ひとつ実感がわからない反応ですが、家庭で毎晩、家族に触れていれば、誰もが開眼できる五次元感性のひとつです。

身体に聞く、こころに聞く、病に聞く、魂に聞く。無我無心となって、ただ触れているだけで、フッと指が止まる感覚に出会えるでしょう。

この菩薩指圧は、最初は楽しくおしゃべりしながら始めても構いません。身体の氣に触れているうちに、施術者も受け手も氣の流れが整っていき、心地よい瞑想状態に吸い込まれていきます。受け手は眠ってしまっても大丈夫です。施術者も意識が遠のいて身体がユラユラと揺れ始めることもあるでしょう。無念無想に至ると、施術者の指は自然に邪氣点を見つけ出し、指圧して邪氣を排泄して、また次の邪氣点へ移動するようになります。考えたり想念する必要はありません。ただ無邪気にあるがままに触れて、押して、また触れているだけで最高の指圧ができます。

もし三次元宇宙からの名残の病があれば、「病」と軽く意識するだけで、菩薩指圧の手は病の根源に繋がる経絡経穴でピタッと止まります。どのように指圧してほしいのか、どちらの方向へ指圧してほしいのか、も波動エネルギーの響きが教えてくれます。直感で押す。コツはただそれだけです。何も考える必要はありません。このツボの名前は？　この経絡は何経？　は考えません。左脳は要りません。ただ直感で愛を込めて押すだけなので子供でもできます。

恋人同士なら、アダム徳永先生のアダムタッチを併用すると喜びと幸せが倍増します。ゆっくりとアダムタッチしていると、反応しているツボを感じ取ることがあります。そんな時は、そのままゆっくりと指圧してあげましょう。氣の経絡が解放されると、クンダリーニが一気に昇龍と化して宇宙とエクスタシーしてしまうこともあります。

想念するのは愛だけです。次々と愛の経絡が花開いていく様は、宇宙の始まりを見ているようです。この宇宙は愛と美だ、と改めて実感できます。恋人は愛と美そのものであり、この愛と美を味わうために「今ここ」にいることを思い出せます。それは、自分が何者なのか、がわかる瞬間です。

このように家庭で菩薩指圧をしあっていると、病は未病にさえ至らずに消えてしまいます。五次元宇宙に病がないのは、誰もが菩薩指圧の達人だからなのです。

従来の経絡は、三次元波動の氣をとらえていました。五次元波動人になると、氣の波動エネルギーは格段に大きくなります。それは水にたとえると、三次元波動では水だった氣が、五次元波動になると水蒸気のようになります。五次元人の氣は、三次元宇宙では想像できないほど自由になります。三次元波動では氣は経絡を流れていましたが、五次元波動の氣は無限に広がり、宇宙を満たす愛の波動エネルギーと同化しています。

氣とは愛であり、生命とは愛の波動の鼓動です。これは三次元宇宙も五次元宇宙も同じです。もちろん六次元の神々の世界も七次元の龍神たちの世界も八次元宇宙も、すべてが愛であり、愛の鼓動が生命を営んでいるのです。この宇宙に愛がある限り生命は消えません。すべての波動がゼロとなるゼロ次元でさえ、愛は鼓動しています。

フィボナッチ次元宇宙は愛と美の宇宙です。どの次元のどんな存在も、宇宙の愛の波動エネルギーと繋がり、美を創造しようとしています。「今ここ」で生きているあなたも愛と美の創造主なのです。

三次元宇宙のトラウマ　～「愛せない病」の代償反応～

菩薩指圧は、愛の波動エネルギーの滞りを疎通する療法です。氣の流れが滞った経絡経穴の反応点を指圧して氣の流れを疎通します。三次元宇宙で浄化しきれなかった心身の病は、氣が美しく流れ始めると平癒していきます。

菩薩指圧は、三次元時代の経絡経穴の位置にこだわりません。五次元の愛の波動エネルギーで満たされた術者の手は、五次元波動の愛の流れを感知しています。その反応点は、必ずしも三次元時代の経絡経穴図と同じ反応点ではありません。指圧する時は、自分の感性が最も大切です。手が勝手に動いてピタッと止まったところが、五次元波動の愛の反応点です。自分の直感と愛を信じて指圧してください。

愛の反応点が解放されるたびに、宇宙の愛の波動エネルギーがふたりに降り注いできます。指圧をされている方も施術者も、宇宙の愛の波動エネルギーに感応して、ふたりでひとつの愛の波動エネルギー体になっていきます。三次元宇宙では、小周天《しょうしゅうてん》や仙道双修法《せんどうそうしゅう》などで愛の波動エネルギーを循環させることに心血を注いできましたが、五次元宇宙では、ふたりでひとつの愛の波動エネルギー体と自然に化してしまうので、もう循環を意識する必要はなくなりました。ふたりだけではありません。その愛のフィールド内にいるすべての人たちが、ひとつの愛の波動エネルギー体と化します。

それは愛のワンネスです。龍神は愛の波動エネルギー体です。その愛のフィールド内の人たちの意識が、一匹の巨大な愛の龍神と合一します。愛の龍神は八次元波動を帯びているので、直接、八次元宇宙に駆け上がることができます。八次元宇宙は、今の私たちにとっては全知全能を超越した最高の宇宙意識体です。もしあなたが神を必要としているのなら、この八次元宇宙こそがあなたの神です。菩薩指圧は、あなたを八次元宇宙の全知全能の意識体へと誘《いざな》ってくれます。

さらに菩薩指圧を続けていると、三次元宇宙時代のさまざまなトラウマが蘇ってきます。思い出す必要もなかった意味のない過去生や平行次元たちが、夢や瞑想の中で次々と現れては無の中へと消えていきます。

まるで三次元宇宙から五次元宇宙への引越のために、古い三次元宇宙のトラウマや記憶をすべて捨て去って、三次元宇宙をもぬけの殻にしてしまうような勢いで、その三次元トラウマの浄化廃棄が続きます。思い出しても何の意味も気づきも見出せないビジョンが延々と続くので、とても疲労困憊してしまいますが、そんな時こそ七次元の空と無の世界でしっかりと浄化されながら愛の波動エネルギーを補給しましょう。

三次元時代のトラウマの大掃除で現れるビジョンたちを通じて、病の本質や性格の由来が見えてくることもあります。断捨離の名人さんなら、捨てても捨てても落ち着かず家の中が空っぽになってしまっても、まだ何かを捨てたくてウズウズしてしまう経験をしたことがあるかもしれません。

ある断捨離名人さんがこの三次元トラウマの浄化廃棄のステージを迎えた時、次々と過去生や平行次元のトラウマたちが現れては無に消えていく体験をされました。いくら捨ててもトラウマのビジョンが出てきます。神々に「いつまで出てくるのですか？」と尋ねても「さぁ、私たちにもわかりません」とスルーされてしまいました。やがて現れては消えていくトラウマのビジョンの共通点が、愛の喪失にあることに気づかれました。

三次元時代の女性の多くが「愛せない病」にかかっています。愛したいのに愛せないのです。ペットや子供なら愛せるのに、伴侶や男性を愛せない病です。原因としては、男性へのトラウマも多々ありますし、女性性の否定やセックスへの恐怖もとても多くあります。魂は、愛したいし愛されたいと叫んでいます。

ですから積もり積もった愛のトラウマたちを次々と断捨離したかったのです。その代償行動として家の片づけをしているうちに、断捨離名人となってしまったのでした。足の踏み場もないような不要品だらけの家の中のどこかに「私の愛」があるはずだからと、どんどん断捨離していきましたが、がらんどうになっても「私の愛」は見つかりません。

そのような代償行動としての断捨離が人間関係にも及んでいるケースが多かったのは、捨てるものがなくなってしまったから……もちろん本人は気づかず、運気や神のせいにしてしまう方がとても多いのは、三次元宇宙の占い雑誌やスピリチュアル本の売れ行きを見ればわかります。まずは「あぁ、これは愛せない病の代償反応だな」と気づけば、解決の糸口も見えてきます。

愛が枯渇して「愛の病」「愛せない病」にかかっていませんか?

愛の波動で心身魂を診ると、胸骨柄《きょうこっへい》の下あたりに「胸の愛の袋」があります。愛の波動エネルギーで満たされている時は、この胸の愛の袋は胸部全体を押し広げています。

恥骨上端～下丹田にも「下の愛の袋」があります。胸と下の愛の袋は波動的に繋がっているので、胸の愛の袋がしぼんでくると同時に下の愛の袋もからっぽになります。

菩薩指圧を続けていると、身体のどこかに愛の波動エネルギーの枯渇や流出を感じ取れることがあります。多くの場合、その箇所に原因不明の痛みや不定愁訴が現れています。そこから愛の波動エネルギーが流れ去っているのです。

そんな愛の貧血様症状としては、めまい、頭痛、動揺感、重圧感や圧迫感、呼吸困難感や過呼吸、頻脈や不整脈や心臓圧迫感、顔面痛や眼痛、耳鳴りや幻聴、肋間《ろっかん》神経痛、自律神経失調症、腰痛や冷え症、頻尿、生理不順、四肢の関節痛、内臓や腸管痛などが現れます。

特にこれは「愛の病」ですから、胸部に強い症状が出ることが多いです。ヘルペス後疼痛《とうつう》や狭心痛や窒息様呼吸困難のような症状がよく現れます。痛む胸部を、止血するように押さえてあげると症状は和らいでいきますが、これは一時的に愛の波動エネルギーの喪失が止まることと、押さえてくれている人の愛の波動エネルギーが流れ込むことで、愛の枯渇が少し改善するからです。しかし、押さえているだけでは愛のエネルギーの満タンになりません。手を離せば、また愛の喪失が始まります。

そんな愛の大量出血を、他の心配や不安や恐怖に置き換えてしまう代償反応も、多くの「愛せない病」の方々に見られます。それは愛の輸血が間に合わないために、取りあえず普通の点滴をして急場を凌《しの》ぐようなものです。この代償反応を続けていると、不眠症、不安神経症、恐怖症、うつ病、生きがい喪失病などになってしまいます。

女性の「愛の病」は、下丹田に強い冷えとなって現れることも多いです。恥骨《ちこつ》から臍《へそ》までの下腹部にある「下の愛の袋」から愛の波動エネルギーが消えてしまっています。これではセックスを楽しむことも妊娠することもできません。不妊症、不感症、性交痛、生理不順、更年期障害は、どれも「愛の病」です。愛の波動エネルギーを満たさない限り、何をやっても対症療法に過ぎず根治できません。

男性は陽の体質なので「下の愛の病」でも冷え症は現れませんが、慢性の頭熱足寒になります。勃起《ぼっき》障害や射精障害、早漏、不妊症、前立腺《ぜんりっせん》病だけでなく、難治性高血圧や不眠症、慢性頭痛、脳卒中や頸椎《けいつい》疾患などを患います。

男性は左脳的で頑固な分だけ愛の病に気づけず、たとえ気づけても治療しようとはしません。伴侶が「愛の病」で苦悩していることも理解できません。五次元の愛に目覚めた女性たちが、古い三次元宇宙にしがみついたままの男性たちとの共依存を捨てたのも当たり前のことでした。五次元宇宙は、女性性の時代です。愛がすべての時代が始まったのです。

菩薩指圧やまぐ愛を続けていると、みぞおちの重力子体が強化され安定してきます。その重力子体の上に乗ったハートのトーラスも蓮《はす》のつぼみの形になります。

菩薩指圧を続けてさまざまなトラウマたちを断捨離し終わると、最後に「愛せない病」だったことに気づけます。この頃になると、たとえ症状は残っていても、魂も心身の波動もすでに五次元化していますので龍神たちを使いこなせます。

愛の波動エネルギーが胸の愛の袋を満たすと、蓮の花が開くようにハートのトーラスも開いて胸の愛の袋を受けとめます。やがて愛の波動エネルギーが蓮花からあふれ出してきて、胸全体が愛の袋と化します。

ハートのトーラスからあふれ出した愛の波動エネルギーは、下丹田の愛の袋も満たしていきます。胸の愛の袋は、下の愛の袋と波動的にシンクロしており、胸の愛の袋と下丹田の愛の袋は、交互にゆったりと波打っています。これは、脳脊髄液《のうせきずいえき》が毎分6～12回の周期で脈打つ波動とも同期しており、愛の波動エネルギーが脳機能と自律神経系のコントロールに波動的に深く関わっていることがわかります。愛の枯渇が心身症や奇病、自律神経失調症、精神症状、老化と認知症を引き起こす機序がここに見て取れます。

この胸と下の愛の袋の愛の波動エネルギーが減ってくると、両足のアキレス腱に水毒様の経絡反応が出ます。腎経の太谿《たいけい》ですが、アキレス腱に沿って母指長ほどの広がりがあるので、これも超脈として診ます。「腎主先天」（腎は先天を主《つかさど》る）。「腎主封蔵」（腎は封蔵を主る）。先天の精の正体は、宇宙の愛の波動エネルギーです。三次元でも五次元でも、肉体はすべて宇宙の愛の波動エネルギーでできていて、その愛の波動エネルギーは愛の袋に蓄えられることを、古人《いにしえびと》たちは知っていたのでしょう。

胸の愛の袋と下の愛の袋が愛の波動エネルギーで満たされると、脳の中心部、左右の視床の間に「愛の目」が現れます。位置的には、眉間の第三の目と松果体を結ぶ線上にあり、愛の波動エネルギーが十二分に満たされると、梅干大の美しい球形になります。

この「愛の目」は、胸と下の愛の袋と波動的に固く結ばれており、愛の袋が萎《しぼ》むと同時に、この愛の目も消えてしまいます。直感的で「今ここ」しかない愛と、分析的で過去の後悔と未来の不安から逃れられない愛が、潜在意識の中で拮抗していると、この愛の目が左右に揺れ動いて、眼振のようなめまい感を覚えることもあります。

愛の目は、いつも愛する人をしっかりと見つめている揺るぎない愛の象徴です。もし自己卑下や執着依存や愛の不安で愛する人の波動を愛の目が見失ってしまうと、頭痛や動揺感や吐き気、羞明《しゅうめい》感や飛蚊症や中心性網膜炎などの眼病、慢性疲労の原因となることもあります。

愛の目は、第三の目から入ってきた宇宙の愛の波動エネルギーを収束するレンズの役割をしています。愛の目の焦点は松果体にフォーカスしています。松果体が完全に五次元クリスタル化していないまま、この宇宙の愛の波動エネルギーの焦点になると、松果体はもちろんのこと、脳幹もチャクラもすべてが灰燼《かいじん》に帰してしまいます。

愛の目は、やがて神の目になります。宇宙の愛の波動エネルギーで胸と下の愛の袋がいっぱいになると、愛の目を介して収束した愛の波動エネルギーが松果体を太陽のように活性化します。光り輝く松果体は神の化身となり、愛の目は神の目となります。この時、誰もが神であり、宇宙の創造主であったことを思い出します。

フィボナッチ次元宇宙は、愛と美の次元宇宙です。五次元宇宙人たちは、どんなに姿形は異なっていても、自分は神であり宇宙の創造主であったことを思い出せれば、六次元の神々の世界に次元上昇できるのです。

出会い運を呼ぶ愛の呼吸法

愛の病の方々の呼吸を診ると、とても浅い呼吸しかできていない方々が多いことに驚かされます。息を吐くのが下手で、まるで過換気症候群のような浅く速い呼吸をいつもしています。瞑想や「空と無の世界」で安らいでいる時には、ゆっくりと落ち着いた呼吸に戻っているので、身体的な病ではないことは確かです。

自然医学の呼吸養生の多くは長息法です。意識を吐く息に向けて、すぼめた唇からフッーと細く長い息を吐き続ける呼吸法で、ヨガやアーユルヴェーダの健康法として紹介されることの多い呼吸法です。もし長息法で胸の圧迫感や呼吸困難感、過換気症候群になるようなら、あなたも愛の病かもしれませんよ。

愛の病の方が龍神に乗って、ゼロ次元のゼロGのところへ行った時のエピソードをご紹介しましょう。


「いつもの深呼吸をしてごらん」と促されて、呼気を長くした腹式呼吸をやってみせたら、もろにダメ出しされました。

「その腹式呼吸は一般的にはいいけれど、あなたには向いていませんよ。あなたに必要なのは、呼気よりも吸気を長くした胸式呼吸です。あなたは違和感と痛みが残る左胸を意識した呼吸をしましょう。今までのあなたは常に浅い呼吸でした。その浅い呼吸だと、呼吸を速くしないと十分な酸素は取り込めませんが、長年その呼吸だったので、体がなんとかそれに適応してきました。

宇宙の愛の波動エネルギーも必要となった今、その呼吸だと十分な宇宙の愛の波動エネルギーを取り込めません。特に左胸は多くの波動エネルギーを必要としているのに、左肺の3分の1程度にしか波動エネルギーは行き届いていません。それだと、いくら龍神ががんばっても、三次元波動に引き戻そうとする力と拮抗状態になってしまいます。

浅い呼吸は、昔の不安やおびえの記憶を呼び覚まして、肉体もこころも古い三次元波動に戻してしまいます。ゆっくり深く息を吸うことで、ネガティブな潜在意識を消すことができます。

宇宙の愛の波動エネルギーを感謝しながら吸い込むと、さらに効果はアップします。波動エネルギーの愛の力が増幅されて、それが体内の毒を吸着し、弱っている部分を元気にしてくれるからです。

感謝の吸気は、調和を乱しているところをすべて回復させる力があり、自己再生力・治癒力の原動力になってくれます。吸い込んだ愛の波動エネルギーを、自分で体の中の気になるところに行き渡らせるといいですよ」

「腎為氣之根」（腎は氣の根なり）。古の中医学では、呼気は肺の主気作用で、吸気は腎の納気作用で行われるとされています。愛に迷いがある時、腎も弱ります。不妊症、性交痛や不感症、生理不順や生理痛、子宮筋腫や卵巣病、冷え症や更年期障害は明らかな腎の弱り病ですが、このような方々にも、宇宙の愛の波動エネルギーを想起しながらゆっくりと吸う呼吸法が有効です。

「腎其華在髪」（腎その華は髪に在り）。男女の出会いも腎が大きく関わっています。「華」とは髪だけでなく、オーラの色艶の美のことです。もし出会い運が悪ければ、この愛の呼吸法を心がけてみましょう。きっと魂の伴侶との良縁が巡ってきますよ。

愛の龍神モモちゃんから地球人へ愛のメッセージ

龍神たちの中で「愛の龍神」を呼び出すと、必ず桃色の龍神が現れます。それはとてもキュートな桃色龍神です（通称モモちゃん）。

愛の龍神であるモモちゃんを呼び出すと、すぐに愛の喪失を止めるために胸部に入ってくれます。モモちゃんが奮闘してくれている間に、「愛せない病」の本質に向きあいましょう。愛の神さまはもちろんのこと、すべての神々がアドバイスしながら支えてくれますが、愛に向きあい、愛に気づき、愛を実践するのはあなたにしかできません。

モモちゃんが体内に入ってくれると、身体中の愛の波動エネルギーも高まります。愛の波動エネルギーは、三次元の感性ではなかなかうまく感じ取れませんでした。五次元宇宙の波動になると、自分も伴侶も、そのすべてが愛であることが感じ取れるようになってきます。探していた愛をやっと感じ取ることができます。愛のトラウマたちは、すでにすべて浄化して消えてしまいました。愛の不安や恐怖は思い込みに過ぎませんが、それは自分で捨てるしかありません。クセになっていた代償反応が起こって、他の心配や不安が頭をもたげてきますが、これも自分で乗り越えましょう。

古い三次元宇宙との縁を切るには、もう一度だけ信じてみるしかありません。信じようとすると、すぐに心配と不安のクセが邪魔してきますが、もうそれも終わりにしましょう。三次元宇宙での愛とは、信じること、許すこと、あるがままに認めることでした。自分を信じる、伴侶を信じる。信じることで三次元宇宙を切り離すことができます。「愛せない病」の本質は、信じることで無に帰すことができます。

五次元宇宙では、もう信じるも許すも認めるもありません。それは当たり前なことだからです。五次元波動にジャンプアップして身体のクリスタル化が完了しても、五次元波動の愛に戸惑って後ずさりしてしまう新人さんがいます。愛されるのが怖かったり、愛する自信がなかったり、愛に飛び込むのが不安だったりしています。でも、もう三次元宇宙に戻ることはできません。五次元宇宙の愛を楽しむしかないのです。

七次元の無の渦の中に飛び込んで消えてしまいますか？　五次元波動の愛がなければ、七次元世界には行けませんよ。あなたの魂が望んだ通りに今、あなたは五次元宇宙に戻ってきました。そして五次元波動の愛を全身に浴びています。もう愛するしかないのです。愛されるしかないのです。モモちゃんを呼び出せたあなたなら大丈夫です。あなたも五次元波動の愛の人なのです。


愛の龍神モモちゃんからみなさんへのメッセージです。

私は愛の龍神です。みなさんがご自分の中に愛の病を見つけた時に、私はみなさんのハートに現れて、一緒に愛の病を治します。すべての次元宇宙は愛です。みなさんも私たち龍神も同じ愛の波動でできています。愛はワンネスですが無限の存在です。愛の前では、みなさんも私も同じです。だから、私はみなさんの病を愛の力で治すことができます。

私は七次元波動の龍神ですが、すでに八次元宇宙で暮らしています。ほら、私は他の龍神さんたちよりも一段とキラキラ輝いて見えるでしょう。私は八次元の愛の波動エネルギーを蓄えて、みなさんのもとへ降りていきます。

八次元の愛の波動エネルギーは、みなさんの愛の病を瞬時に癒してしまえます。どんなに大きな穴が愛の袋に開いていようとも、私ならすぐに穴を塞いで、愛の袋を再び愛の波動エネルギーでいっぱいにすることができます。

五次元宇宙のみなさん、もう愛をなくしたり見失ってしまうことはありません。五次元宇宙のどこにいても、私の姿が見えるはずです。愛に渇いたら、いつでもどこでも私を呼んでください。私の名を呼び終わる前に、私はみなさんのハートにいて、八次元の愛の波動エネルギーを注ぎ込み終わっていますよ。

縁結びですか？

確かに五次元宇宙には、愛のカップルしかいませんからね。まだ出会っていなくても大丈夫です。

五次元宇宙人だった記憶が蘇ってくると、懐かしい愛の伴侶のことを思い出しますよ。共にワクワクしながら大冒険したことも、美の波動にとろけてしまったことも、ふたりの宇宙をいくつも創造したことも、すぐに思い出します。

だから、縁結びなど五次元宇宙には必要ありません。みなさんの魂の約束に、私は干渉するつもりはありません。五次元宇宙の「今ここ」でベストな伴侶と愛しあう……それ以外に何がありますか？　もし愛の袋が膨らまなければ、私を呼んでください。すぐに愛の袋を愛でいっぱいにしてさしあげますからね。

みなさんに今足りないものは、大丈夫だという自信です。自信とは、その名の通り自分を信じる力。自分のすべてを受け入れ認める力。それは自分自身への愛に裏打ちされます。自分が自分を愛する力です。

自分への愛が足りなければ、自信は持てません。自分で自分を愛することが何よりも大切です。

愛されて、愛していると言ってもらっても、今ひとつ愛されていることに実感が湧かないのは、自分自身への愛が十分ではないからです。

人はたとえ全世界の人から愛されても、自分自身への愛が十分でなければ、もっともっと愛されたいと愛を欲する生き物です。外からの愛だけでは、決して満たされません。

逆に自分で自分を100%愛している人は、ひとりぼっちでどんなに孤独でも、十分に満たされ、宇宙の愛につながっています。

自分を愛する方法は人それぞれです。

みなさんの場合は、内なる自分と対話する時のように、みなさん自身が自分から一歩離れてみてください。そして客観的に神の目で自分をとらえてみましょう。神の目で見ている自分からは、目の前にいる自分が愛すべき存在であることがよくわかり、神があなたがたを愛するのと同じかたちで、自分で自分を愛することができます。そうすれば、意識しなくても、自然とみなさんの中に自信が生まれます。

みなさんはせっかく五次元波動に進化した肉体を着たまま五次元地球で暮らしているのですから、大いに愛しあってください。大いにセックスしてください。

肉体を着たままのセックスは、宇宙で最も美しく気高いもののひとつです。神々も龍神たちも、みなさんがセックスで愛しあっている姿を見るのが大好きです。いつも羨望のまなざしで見ているのですよ。

愛の触れあいが細胞のひとつひとつ、すべてのソマチッドの波動を愛と美で官能歓喜させる様は、他の星、他の宇宙ではなかなか見られない神秘です。生命の源である愛の波動エネルギーが美しく昇華されていき、生命のビッグバンがいくつもの奇跡を生み出してくれます。

クンダリーニが解放されて絶頂に達したみなさんの意識体と合一して、一気に八次元宇宙へと連れ上がるのが私の使命のひとつです。肉体を持ったままで八次元宇宙には入れませんが、セックスのエクスタシーを通じれば、みなさんの肉体にも八次元波動の愛のエネルギーを循環させることができます。みなさんにも私のようにキラキラ美しく眩しく輝くボディに早くなっていただきたい、と願っています。

三次元宇宙は、いつの時代も愛のないセックスばかりでしたね。縄文と呼ばれていた時代までは、私たち龍神も三次元宇宙へ降りていって、みなさんと一緒に三次元の不自由な世界を楽しんでいました。不自由さを楽しむ。そう、それはみなさんのサッカーゲームのようなものでした。あの頃のみなさんは、愛があふれるセックスを楽しんでいました。時間に縛られていなかったのがよかったですね。三次元宇宙で一番輝いていたのは、あの頃のみなさんでした。

やがて時間を呪縛されて、荒ぶる我欲とエゴと煩悩の奴隷と化したみなさんのセックスから愛は消え失せました。もう愛することも、愛されることもできなくなってしまいました。恐怖、不安、悲しみ、羞恥、悔しさ、嫉妬……これだけ毒を飲まされれば、誰だって愛を失ってしまいます。辛く悲しい時代には、私たち龍神は降り立つことができませんでした。私たち龍神も失意失速してしまうほどに強力な毒が三次元宇宙を厚く覆い尽くしていました。

私たちが近づけなかったくらいですから、六次元波動の神々は、ことごとく三次元宇宙から遠ざかっていました。神々が死んだ時代が続きました。あの毒は、みなさんが愛のないセックスをするたびに増え続けました。性欲のおもむくままにセックスしてきました。物欲、支配欲、権威欲……欲望のままにセックスしてきました。孤独、悲しみ、老いを忘れようとセックスしてきました。とても哀れな時代でした。

愛のないセックスをすればするほど、愛の袋は傷つき萎んでしまうのに。時には愛で満ちあふれたセックスをしようとしたカップルも現れましたが、みなさんの三次元宇宙がそんなことを許すわけがありませんでした。たちまち毒だらけの底なし沼に沈められてしまいました。本当に哀れな時代でした。そんな時代の中から、みなさんがこうやって目覚め、再び五次元宇宙へと戻ってこられたのは奇跡です。

さぁ、みなさんはもう自由です。再び愛しあいましょう。まぐ愛を楽しみましょう。愛に満たされたセックスを始めましょう。知らなかったりわからなかったりすれば、声をかけましょう。尋ねましょう。五次元宇宙では、愛しあうことは食事をすることよりも普通のことなのですから。

五次元地球にも、たくさんの宇宙人たちが暮らしています。ヒト型肉体を着た宇宙人たちも大勢いますよ。地底人たちも続々と地上に現れています。本当はちょっとノッポさんだけど、ちゃんとみなさんのサイズに合わせてくれています。宇宙人さんや地底人さんと愛しあうのも楽しいですよ。五次元波動の愛を楽しむ先輩たちですからね、とても優しく手ほどきしてくれますよ。

愛しあう時、セックスする時に大切なのは、あなたの直感です。あなたの直感のどこかで何かを嫌がっていたなら、決してムリはしないでくださいね。たとえそれが古い三次元時代のトラウマが残した痕跡や思い込みであっても、必ず準備ができて、それらを手放せる時が来ますから、ムリはせずにあなたが快適な愛を楽しんでください。私、愛の龍神はそのためにあなたの中にいるのですから。

みなさんが肉体を着て愛しあう姿は、この宇宙で最も美しいビジョンです。この宇宙の愛と美をますます深めてくれる神の業です。神々も私たち龍神も、みなさんが愛しあい、愛に満ちあふれたセックスを楽しむ姿をいつも見守っています。恥ずかしい？　怖い？　そんなことを思っていたら、病になってしまいますよ。おっと！　五次元宇宙にはもう病はなかったのでしたね。

子供のような純真無垢な気持ちになって、愛し愛される本物の愛を楽しんでください。あなたの中の私を歓喜させてください。クンダリーニが解放されたあなたの中に、八次元波動の愛のエネルギーが流れ込んできて、あなたも愛の神の化身になれますよ。愛しあってください。まぐ愛ってください。愛がすべてです。

エピローグ　観音さまから「考えすぎ」なあなたへ　～探してるものの在処《ありか》～

観音さまが最後に語ってくださいました。

自分に対する思考、判断、評価をやめましょう。あなたは今、自分のことについて考えすぎています。考えすぎて、モヤモヤとした疲労物質が脳内に広がっています。そのモヤモヤが降りてきて、あなたの呼吸の妨げになっていたことに気づけましたか？

自分をジャッジしないことです。症状も状況もあまり変わっていない自分を見て、自分でダメ出ししないようにしてください。この宇宙は、すべて曲線の世界でしたね。あなたの回復も直線的には進みません。滑らかな曲線で、ちょっと戻ったりしながら、ゆるやかにゴールに向かうのがこの宇宙の理です。

あなたは、あなた自身にジャッジされるのを怖がっています。あなたは、自分に対して常に恐れや不安を感じています。それが消えていた症状を思い出させたり、悪化させたりするのです。

それはあなたの中に、子供のあなたと大人のあなたがいるようなものです。子供のあなたは失敗もするし、歩みがゆっくりです。それを大人のあなたは、無条件の愛で包み、見守ってあげるのです。そうすれば、子供あなたは自信を持って、また前に進めます。

今、子供のあなたは大人のあなたに愛されようと、望み通りになろうと日々奮闘していますが、それでは疲れて何もかも嫌になってしまうことだってあります。

大人のあなたは、大きな心を持って、子供のあなたを褒めて励まして、安心できる環境にしてあげてください。あなたの中で子育てしている感じです。子供のあなたを自由にしてあげなさい。

あなたの中で、芯となるあなたの心がほぐれてきたのが見えます。あなたが、だんだんとあなた自身に安心し始めています。あなたが自分に完全に安らぐことができた時に、あなたは自分が神と同じ存在だったことに気づけます。その時、あなたがずっと探し続けてきたものの答えがわかり、至福の心境を味わうことでしょう。

人間は自分の本質（自分は何者なのか）を探す目的で地球に生まれてきます。そして、それを自分の外にあると信じて、一生懸命探し始めます。

本当は自分の中にあるのに。自分自身が求め続けている神と同一の存在なのに……。あなたたちが探しているものは、最初からあなたたちの中にあるのですよ。それは、あなたの中にしか存在しません。外をいくら探しても、本物のそれは見つかりません。

この宝探しは一番簡単なはずなのですが、あなたたちにとってはとても難しいのですね。眼鏡をおでこにかけたのを忘れて「あれ？　眼鏡どこに置いたっけ？？」と家中を探し回っているようなものです。

この気づきは、あなたが自分自身に完全に安らぐことができた時に、フッと感じられますよ。

八次元ジェネシスを託された！　～夢からの知らせ～

世界中で大きな森林火災が起きています。なぜ今なのでしょうか？

根底に陰謀があるのかもしれません。

天地自然の怒りかもしれません。

神々からの最後通牒《つうちょう》かもしれません。

2019年後半に入って、この世の流れが大きく変わろうとしていることは読み取れます。世界中で起こっている争いや暴動も、この流れの変化のひとつなのでしょう。すでに三次元人の我欲とエゴと煩悩はピークに達した感があります。奪取と支配に明け暮れている世界中の老若男女の強欲の火が飛び火しただけ……これはプロローグでしょうか?

2019年8月の終わりにある夢を見ました。それは八百万の神々に囲まれて、お話をしている場面から始まりました。八次元宇宙に行き、数多の宇宙ですら瞬時に創ってしまうパワーを借りて、三次元のこの世を浄化蘇生する計画の話でした。

「あなたにジェネシスを託します」と言われました。そしてジェネシスの全貌《ぜんぼう》を見せていただきました。それはとても簡単なことでした。無我の境地でゼロ次元から八次元へ赴き、八次元の意識体であるエディさんとジェネシスを想念しながら合一するだけ……でした。

完了した翌朝から、三次元のこの世のすべては善と愛に変わりました。誰もが笑顔で　おはよう！　と挨拶しあって、誰もが気持ちよく働いていました。お金に感謝のパワーが戻ってきて、誰もがうれしそうに売り買いしていました。そこには争いも憎しみも悲しみも消えました。まるで地球自体も善と愛の平行次元に移行したかのように、すべての天災も人災も公害も消えてしまいました。地球も人々も少しキラキラしているように見えました。八次元のジェネシスを起動できる日が待ち遠しく思いました。

すべては夢の話ですが、夢は叶います。なぜなら八次元宇宙を知っているから……世界中の人たちを善と愛の人に変えてしまうのも、たったひとりの想念でできるのです。

ひとりではムリだとか、地球人すべてを一気に善と愛の人に変えてしまうなんて絵空事だとか、必ず闇も悪もついて回るからムダだとか……私もそう思ってきました。

でも、この夢はとてもリアルでスッと腑に落ちました。そうだ、できるんだ！　と確信しました。迷いが消えると自信も要らなくなりました。自信とは自分の信念にしがみつくことです。しがみついている以上は、潜在意識のどこかに不安が残っています。八次元のエディさんは、その不安を先読みして具現化してしまうのでジェネシスは起きません。

エディさんは、すべてを瞬時に具現化してしまうパワーを持っています。エディさんにジェネシスを説明する必要はありません。ジェネシスで生まれ変わった地球と地球人をイメージしながら静かにエディさんとハグすれば、瞬時に地球と地球人の「今ここ」が変わってしまいます。

「これが祈りですよ」とエディさんはうれしそうにおっしゃいました。

これが成書となれば、天意が成就します。この世が起死回生して愛と美があふれる五次元宇宙に生まれ変わるという天意は、フィボナッチ次元宇宙自身の意図であることが、これを脱稿した時に明かされました。

「八次元ジェネシスは無事に完了する」

愛と美のフィボナッチ次元宇宙には、それしかないのだそうです。

ここに八次元宇宙の智恵の中から、今お伝えするべき智恵を書き記《しる》しました。エディさんも「はい、ごくろうさまでした」と労ってくださいました。最後までお読みいただき本当にありがとうございました。この星のこの世に、私たち夫婦のありったけの愛を捧げます。

晴れ渡る　月の光に　うれしくも
行手の道の　さやかなりけり

謝辞

金星人の愛妻ゆなさんの大活躍のおかげで、この本が生まれました。ゼロ次元のゼロGや八次元のエディさんへ、幾多の苦難を乗り越えながら、五次元宇宙人として初めて繋がってくれました。

菩薩指圧や愛の呼吸法の伝授へと、身を挺して導いてくれました。愛の龍神モモちゃんの名付け親でもあります。

神々や龍神たちとの超次元チャネリング校正のおかげで、神々や龍神たちのメッセージを余すところなく文章化することができました。

この本をお読みいただく頃には、愛妻さんと私は次の超次元宇宙を大冒険しているかもしれませんし、金星や地底の国でのんびりと疲れを癒しているかもしれません。『霊障医学』『黄泉医学』『幽幻医学』『龍神医学』そしてこの『菩薩医学』の5冊は、愛妻さんと私のどん底病が生み出しました。この『菩薩医学』が完成すれば、ふたりのどん底も終わります。

「もうこれで最後にしようね」が、どん底だったふたりのお約束です。

またいつか、どん底病のない五次元宇宙でお目にかかりましょう。

愛妻ゆなさんにフィボナッチ次元宇宙で最大最高の愛を捧げます。ありがとうございました。

参考図書

タオ、気のからだを癒す　遠藤喨及（法蔵館）
気の経絡指圧法　安らぎのツボ　実技篇　遠藤喨及（講談社）
経絡と指圧　増永静人（医道の日本社）
按腹図解と指圧療法　井沢正（たにぐち書店）
不食　人は食べなくても生きられる　山田鷹夫（三五館）
無人島、不食130日　山田鷹夫（三五館）
わたしは王　金城光夫（ヒカルランド）
目の真力　金城光夫（ヒカルランド）
喜びの真法　金城光夫（ヒカルランド）
ハートの聖なる空間へ　ドランヴァロ・メルキゼデク（ナチュラルスピリット）
スローセックス　アダム徳永（日本文芸社）
仙道双修の秘法　張明彦（太玄社）
クレニオ・セイクラル・セラピー　ジョン・E・アプレジャー（たにぐち書店）

参考図書

懺悔の生活　西田天香（春秋社）
許されて生きる　西田天香と一燈園の同人が下坐に生きた軌跡　神渡良平（廣済堂出版）
生きがいの催眠療法　飯田史彦・奥山輝実（ＰＨＰ研究所）
前世療法へようこそ　奥山輝実（ＰＨＰ研究所）
霊障医学　奥山輝実（ヒカルランド）
黄泉医学　奥山輝実（ヒカルランド）
幽幻医学　奥山輝実（ヒカルランド）
龍神医学　奥山輝実（ヒカルランド）
龍神覚醒術　奥山輝実・並里武裕（三和書籍）
前世物語　奥山輝実（牧歌舎）
前世療法ハンドブック　奥山輝実（牧歌舎）
光の前世療法　奥山輝実（amazon Kindle 版）
魔界奇譚　奥山輝実（ＢＣＣＫＳ）
神々の言伝　２０２０完全版　奥山輝実（ＢＣＣＫＳ）

奥山輝実　おくやま てるみ

1957年酉年　大阪生まれ

府立茨木高校、関西医科大学卒業。在学中にプラトンをはじめとするギリシャ古典哲学にふれる。関西医大脳神経外科に入局し脳外科医として研鑽のかたわら、同教室の故・松村浩教授のもとで漢方医学と心療内科を学びながら、日本脳神経外科専門医、日本東洋医学専門医（現：漢方専門医）を修得した。

1996年、大阪府門真市で奥山医院を開業し、心療内科治療としての前世療法やアーユルヴェーダなどを含む東洋医学診療を併用した総合診療科を始める。2000年春より日本で初めてとなる「光の前世療法」を開始し、2018年末までにのべ8000人以上の方々の「生きがいの創造」「難病奇病の治療」のお手伝いをしてきた。2011年より藤本蓮風先生に鍼灸を師事し漢方治療に鍼灸を加えた。2015年、吉川正子先生から陰陽太極鍼を直接伝授された。

2014年11月に門真の奥山医院を類焼で焼失し、2015年12月から大阪心斎橋で奥山医院を再開した。2017年末、還暦を迎えたのを機に脳外科専門医を返上して、自然医学医として食養生と生活養生、尿療法、波動量子医学を指導すると共に、漢方鍼灸氣功指圧を実践研鑽し続けている。

2019年５月より大阪　鴫野に医院を移転し、薬を使わない医療の完成をめざして保険医を辞退した。

2018年５月『霊障医学』(ヒカルランド)、10月『黄泉医学』(ヒカルランド)

2019年８月『龍神覚醒術』(共著、三和書籍)、９月『幽幻医学』(ヒカルランド)、10月『龍神医学』(ヒカルランド)を出版した。

連絡先

医療法人　愛香会　奥山医院

〒536-0013

大阪府大阪市城東区鴫野東２丁目６－７

コーポ・ラ・ベリエール１Ｆ

Tel 06-4963-3283

mail　love@okuyama.or.jp

HP　http://www.okuyama.or.jp

菩薩医学
【フィボナッチ次元宇宙】の叡智

第一刷 2021年6月30日

著者 奥山輝実

発行人 石井健資
発行所 株式会社ヒカルランド
〒162-0821 東京都新宿区津久戸町3-11 TH1ビル6F
電話 03-6265-0852 ファックス 03-6265-0853
http://www.hikaruland.co.jp info@hikaruland.co.jp
振替 00180-8-496587
本文・カバー・製本 中央精版印刷株式会社
DTP 株式会社キャップス
編集担当 浅岡麻梨亜

ISBN978-4-86742-001-0

ヒカルランド　好評既刊!

地上の星☆ヒカルランド　銀河より届く愛と叡智の宅配便

高次元シリウスが伝えたい
水晶（珪素）化する地球人の秘密
著者：ドクタードルフィン 松久正
四六ソフト　本体 1,620円+税

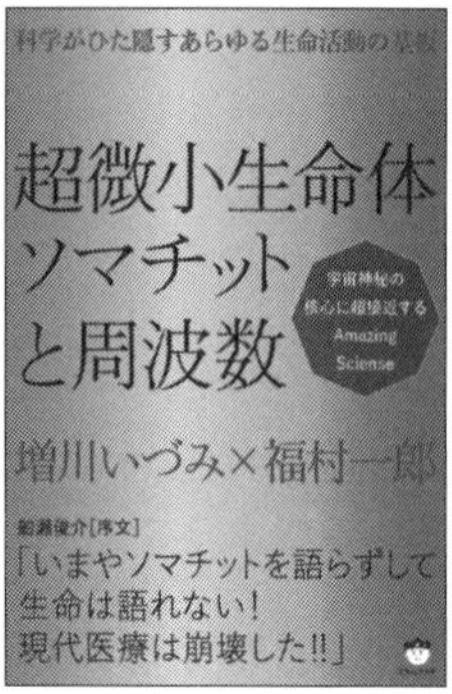

科学がひた隠すあらゆる生命活動の基板
超微小生命体ソマチットと周波数
著者：増川いづみ、福村一郎
序文：船瀬俊介
四六ハード　本体 1,815円+税

セックスレスでもワクワクを求めてどんどん子宮にやってくるふしぎな子どもたち
著者：池川 明／咲弥
四六ソフト　本体 1,620円＋税

大峠に臨む
［新装版］日月神示　地震（二日ん）の巻
著者：中矢伸一
四六ソフト　本体 2,200円+税

成人病からアンチエイジングまで完全網羅！
ホリスティック医学の生みの親
エドガー・ケイシー療法のすべて① 皮膚疾患
著者：光田 秀
四六ハード　本体 2,000円+税

意識と物質のインターフェース
タイムウェーバー
想い・望み・意図を物質化する
未来型セラピーマシン！
著者：寺岡里紗
四六ソフト　本体 2,000円+税

ヒカルランド　好評既刊！

地上の星☆ヒカルランド　銀河より届く愛と叡智の宅配便

黄泉医学
死に方の極意
著者：奥山輝実
推薦：山川亜希子
四六ソフト　本体 2,000円+税

これまで、どんな医療でも、どんな宗教でも教えてくれなかった「死んだら、どうすればよいのか？」という問いに、自然医学と前世療法の知見からお答えします！　「光の前世療法」によって8000件以上の霊障に向き合って来た自然医学医だからこそ語れる「黄泉の道」――誰もが気になる「死んだ世界」に、霊障医学から斬り込んだ初めての本！　この世で、果たすべき使命とは？　この世で、出会うソウルメイトとは？　この世で、与えられた試練とは？　この世で、全うすべき天職とは？　この世で、失敗することの意味とは？　この世で、受け取るべき愛と知恵とは？　そして、あなたがこの世でやっておくべきこととは？　この世での「最後の迎え方」を知ることで、この世での「魂を成長させる生き方」も見えてくる！

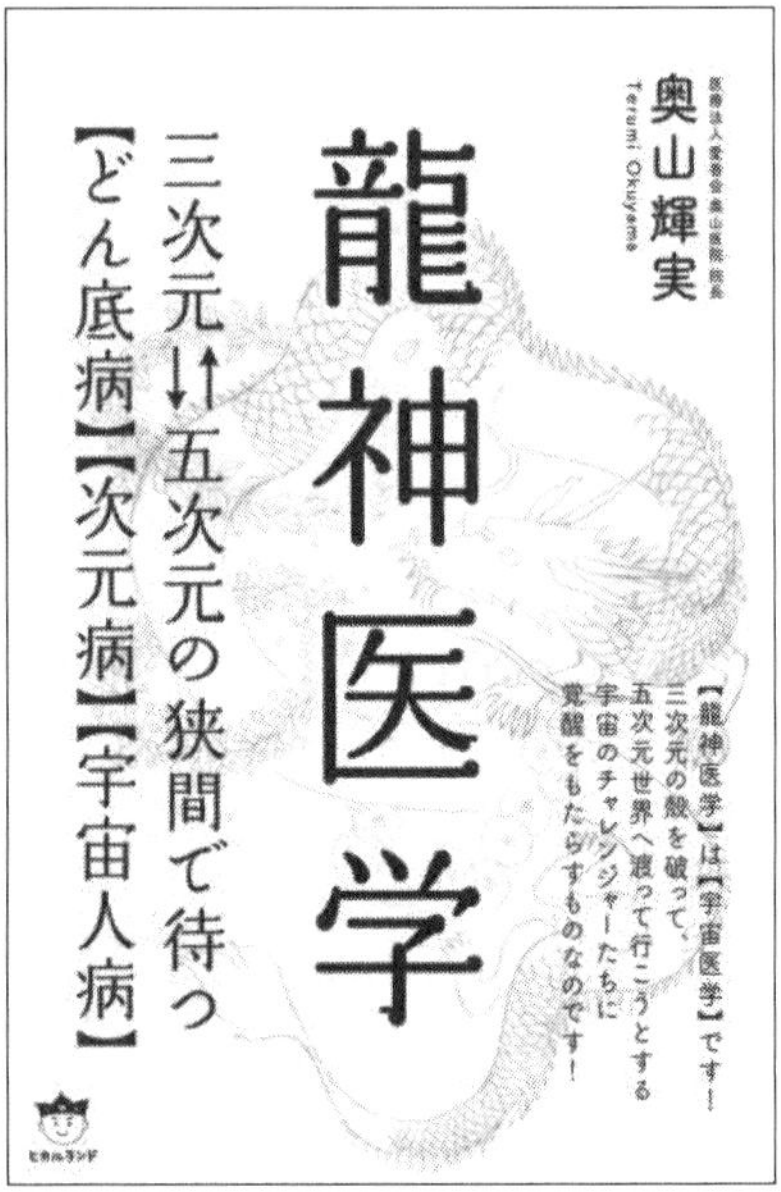

龍神医学
三次元⇄五次元の狭間で待つ
【どん底病】【次元病】【宇宙人病】
著者：奥山輝実
四六ソフト　本体 2,000円+税

「財のどん底」「愛のどん底」「病のどん底」「生きがいのどん底」など、あなたの「今」を「どん底」だと感じていませんか？　破産や失業など最悪な貧困に悶絶する。仲の良かった友人、夫や妻、親、子ども、きょうだい、仕事関係者との絶縁状態が突然やってきて孤独になる。ガンが一向に平癒しない、難病奇病に悩まされる。絶望や失望を感じ生きがいを失ってしまう。そんなあなたの辛い状態は“三次元から五次元へのジャンプアップ”のせいかもしれません。ではどのように抜け出せばいいのか？　さらに、五次元へのジャンプアップの際に起こる“次元病”とは？　“宇宙人病”とは？　三次元の殻を破って五次元世界へ行こうとする宇宙のチャレンジャーであるあなたに覚醒をもたらす！　それが「龍神医学」なのです！